Recepción y almacenamiento de pescados y mariscos

avanza editorial

Editado por:
EDITORIAL FAE, S.L.U.
Correo electrónico: editorial@editorialfae.com

Recepción y almacenamiento de pescados y mariscos
Elsa Rubio Dulce

1ª Edición

ISBN: 978-84-1135-371-7

Impreso en España

Índice

Módulo. 1. Funcionamiento y gestión de un almacén

Módulo. 2. Recepción, almacenaje y acondicionamiento de pescados y mariscos para su comercialización

Módulo 3. Manejo de carretilla elevadora

Aplicaciones prácticas

Ejercicio de evaluación final

Solucionario

Bibliografía

Módulo 1. Funcionamiento y gestión de un almacén

Introducción

El almacén constituye un elemento esencial en la cadena logística de cualquier empresa relacionada con la industria alimentaria, y especialmente en aquellas que manipulan productos perecederos como pescados y mariscos. Su correcta gestión garantiza la conservación adecuada de los productos, facilita el flujo eficiente de mercancías y reduce los riesgos asociados tanto a la calidad sanitaria como a la seguridad en el trabajo.

Este módulo ofrece una visión integral sobre el funcionamiento de los almacenes, desde la organización física de los espacios hasta el uso de tecnologías para la identificación y control de existencias. También se abordan los principios normativos en materia de higiene alimentaria y prevención de riesgos laborales, aspectos fundamentales en la manipulación de productos del mar. Del mismo modo, se introducen los principales equipos de manutención y almacenaje, junto con los protocolos de limpieza, desinfección y seguridad necesarios para preservar la salubridad de los productos y la integridad del personal.

El conocimiento y la aplicación rigurosa de estos contenidos resultan clave para mantener un alto estándar de calidad en toda la operativa del almacén, así como para garantizar la trazabilidad y la seguridad alimentaria, pilares fundamentales en la comercialización de productos pesqueros.

Objetivos

- Identificar el funcionamiento general de una plataforma logística y las normas que regulan sus operaciones, incluyendo el flujo de entrada y salida de mercancías, control de *stock* y ubicación de productos.
- Describir el diseño y organización interna de un almacén, reconociendo la distribución de zonas, tipos de carga y sistemas de identificación como códigos de barras o radiofrecuencia.
- Manejar de forma básica los equipos de almacenaje y manutención, comprendiendo su finalidad, los tipos existentes y los procedimientos seguros de manipulación.
- Reconocer los principales riesgos laborales asociados al trabajo en el almacén, y aplicar las medidas preventivas correspondientes para evitar accidentes, actuando correctamente en situaciones de emergencia.
- Aplicar la normativa higiénico-sanitaria específica en la manipulación de alimentos, con especial atención a las condiciones de limpieza del entorno de trabajo, equipos e instalaciones.
- Distinguir los distintos niveles de limpieza y desinfección, identificando productos, fases del proceso y sistemas empleados para garantizar un entorno salubre.
- Valorar la importancia del cumplimiento normativo, tanto en materia de seguridad como de higiene, como condición indispensable para una práctica profesional responsable y eficiente.

1. Conocimiento de las plataformas logísticas

Las **plataformas logísticas** desempeñan un papel fundamental en la cadena de suministro moderna, ya que permiten optimizar los procesos de recepción, almacenamiento, preparación y distribución de mercancías. Estas infraestructuras están concebidas para centralizar y coordinar flujos de productos, actuando como punto intermedio entre productores y destinatarios finales. En el sector de los productos de la pesca, su correcto funcionamiento contribuye a reducir tiempos, minimizar mermas y asegurar condiciones adecuadas de conservación. La eficiencia de una plataforma logística depende de factores como la organización espacial, la tecnología aplicada al control de inventarios, y la sincronización entre áreas operativas.

1.1. Funciones de las plataformas: Entrada, ubicación, control de stock y salida

Las plataformas logísticas actúan como **centros neurálgicos** donde se coordinan múltiples procesos relacionados con el flujo físico y documental de productos.

Fig. 1. En el tratamiento de productos perecederos como el pescado y el marisco, el funcionamiento eficiente de las plataformas logísticas resulta fundamental para garantizar la calidad, la trazabilidad y la seguridad alimentaria

Su operativa se organiza en torno a cuatro funciones principales: entrada, ubicación, control de *stock* y salida de mercancías. Cada una de estas fases implica acciones, recursos técnicos y normas específicas que deben conocerse y aplicarse adecuadamente.

A. La entrada de mercancías

La entrada constituye la **fase inicial** del flujo logístico y comprende el registro, identificación, verificación y descarga de productos que acceden al almacén. Es en este momento cuando se aplican los primeros controles de calidad y condiciones higiénico-sanitarias.

Se debe verificar que los productos recibidos:

- Coincidan con los pedidos realizados.
- Cumplan los requisitos de frescura, temperatura y aspecto.
- Vengan acompañados de la documentación correspondiente (albarán, ficha técnica, certificado sanitario, etc.).

 Anotación

En empresas del sector pesquero, este control incluye además la revisión del etiquetado conforme al Reglamento (UE) n.º 1379/2013, que regula la información que debe proporcionarse al consumidor sobre especies, métodos de producción y zona de captura.

B. La ubicación de mercancías

Una vez recepcionadas, las mercancías deben ser **clasificadas y colocadas** en el lugar correspondiente dentro del almacén, garantizando un acceso ágil y seguro cuando se necesite su movimiento posterior. Esta organización debe seguir criterios como:

- Tipología del producto (fresco, congelado, envasado).
- Requerimientos térmicos (cámaras de refrigeración, zonas de temperatura controlada).
- Rotación (productos con mayor caducidad o demanda deben colocarse en zonas accesibles).

Fig. 2. El proceso de ubicación exige un diseño lógico del espacio, donde se reduzcan desplazamientos innecesarios y se respete la cadena de frío

Cadena de frío: conjunto de acciones necesarias para mantener la temperatura adecuada de los productos perecederos desde su origen hasta su destino final, evitando su deterioro o pérdida de calidad.

C. El control de *stock*

Una vez que los productos están almacenados, es necesario llevar un control exhaustivo sobre:

- Cantidades disponibles.
- Localización exacta dentro del almacén.
- Fechas de entrada y salida.

- Caducidades o vida útil.
- Incidencias o mermas.

Este seguimiento permite aplicar modelos de **gestión de inventarios** como FIFO (*First In, First Out*) o FEFO (*First Expired, First Out*), fundamentales para evitar la pérdida de mercancía por vencimiento.

Sistema de gestión de stock	Descripción	Uso típico
FIFO (Primero en entrar, primero en salir)	Se despachan primero los productos más antiguos.	Generalizado en productos perecederos.
FEFO (Primero en caducar, primero en salir)	Se prioriza la salida según fecha de caducidad.	Ideal para productos con fechas variables.
LIFO (Último en entrar, primero en salir)	Se usan antes los productos más recientes.	No recomendable en alimentos.

D. La salida de mercancías

La última fase del flujo logístico consiste en la **preparación y expedición** de los productos, que ya han sido solicitados para su distribución o venta. Este proceso implica:

- Preparar los pedidos siguiendo especificaciones del cliente.
- Verificar la documentación (albaranes, etiquetas, certificados).
- Embalar y etiquetar adecuadamente los productos.
- Aplicar controles finales de calidad y trazabilidad.
- Cargar los productos respetando las normas de seguridad y conservación.

Una correcta organización en esta fase permite cumplir plazos, evitar errores y reducir riesgos de deterioro o contaminación cruzada.

Ejemplo

Una pescadería que recibe merluza fresca debe comprobar su temperatura de entrada, registrar el lote, ubicarla en cámaras a 2 ºC, monitorizar su vida útil y preparar el pedido según el orden FEFO, garantizando que se despachen primero las piezas con fecha más próxima de caducidad.

Este ciclo de funciones (entrada, ubicación, control y salida) no es lineal, sino parte de un **sistema integrado** que se apoya en recursos humanos, equipamientos técnicos y herramientas digitales (como *softwares* ERP). Su correcta gestión es clave para una operativa eficaz, rentable y conforme a la normativa sanitaria.

1.2. Normas de funcionamiento

El funcionamiento de un almacén no puede entenderse únicamente como una cuestión operativa; se rige por un conjunto de normas técnicas, organizativas y sanitarias que garantizan la trazabilidad, la seguridad, la eficiencia y el cumplimiento de la legalidad vigente.

Estas normas afectan al movimiento físico de las mercancías, a las rutinas del personal, el uso de los equipos, la gestión documental y los protocolos de limpieza y emergencia.

Fig. 3. En el caso de los pescados y mariscos, por su alta perecibilidad, resulta aún más importante contar con una regulación interna rigurosa que asegure una manipulación rápida, limpia y controlada

Establecer normas claras y coherentes en el almacén contribuye a minimizar errores, evitar accidentes, mejorar la conservación de productos y facilitar las auditorías internas o externas. Además, las normas de funcionamiento deben adaptarse a la naturaleza de los productos gestionados.

En el caso de los almacenes dedicados a pescados y mariscos, las normas de funcionamiento deben tener en cuenta la **naturaleza altamente perecedera** de estos productos. Esto implica establecer circuitos diferenciados para pescado fresco, marisco vivo y producto congelado, garantizando en cada caso la temperatura adecuada, la ausencia de contaminaciones cruzadas y la manipulación en condiciones higiénicas estrictas. Por ejemplo, los mariscos vivos requieren espacios con aporte de agua salada,

mientras que el pescado fresco debe mantenerse entre 0 y 2 ºC en cámaras independientes y limpias.

Una empresa dedicada a la distribución mayorista de productos del mar ha implementado un sistema de circuitos diferenciados dentro de su almacén logístico para garantizar la conservación adecuada de pescados y mariscos, cumpliendo con la normativa higiénico-sanitaria vigente.

- **Zona de marisco vivo**: Se dispone de una sala específica equipada con tanques de recirculación de agua salada oxigenada, destinada a mantener vivas especies como almejas, navajas, bogavantes o langostas. Los tanques están monitorizados mediante sondas que controlan parámetros como temperatura, salinidad y oxígeno disuelto. Esta zona se encuentra aislada del resto del almacén y solo accede personal autorizado con equipos de protección impermeables.
- **Zona de pescado fresco**: El pescado procedente de lonjas es recibido y sometido a un control inicial que verifica que la temperatura de entrada sea igual o inferior a 2 ºC. A continuación, se traslada a cámaras de refrigeración entre 0 y 2 ºC, clasificadas según especie, tamaño y fecha de captura. El pescado se almacena sobre cajas drenantes con hielo en escamas, que se repone de forma periódica. Para la gestión de las salidas, se aplica el sistema FEFO (*First Expired, First Out*), priorizando el despacho de los productos con menor vida útil restante.
- **Zona de producto congelado**: Los productos ultracongelados, como colas de rape, filetes o cefalópodos enteros, se almacenan en una cámara específica a –20 ºC. Esta zona está completamente separada de las áreas de fresco y marisco vivo, con acceso restringido y equipos logísticos exclusivos. La estantería móvil garantiza la correcta ventilación y el mantenimiento del frío constante durante la conservación.
- **Medidas transversales**: Para evitar contaminaciones cruzadas, los equipos de transporte interno (transpaletas, carros) están codificados por colores según la zona donde se utilizan. Los recorridos están claramente señalizados en el suelo para evitar cruces entre mercancías y personas. Además, los trabajadores deben cambiarse de calzado o usar cubrezapatillas y lavarse las manos al transitar entre zonas con distinto tipo de producto o condiciones térmicas.

A. Normas de organización del espacio y flujo operativo

Una norma fundamental en cualquier almacén es la de **optimizar** la distribución física de las zonas y circuitos de trabajo. Deben existir recorridos definidos para:

- Entrada y recepción de mercancía.
- Zona de control y verificación.
- Ubicación en cámaras o estanterías.
- Preparación de pedidos y salida.

Es importante que estas rutas sean diferenciadas para mercancía limpia y sucia, evitando así contaminaciones cruzadas. Igualmente, los flujos deben seguir una **lógica unidireccional** que impida retrocesos, acumulaciones o cruces innecesarios entre productos y personas.

Anotación

En instalaciones alimentarias, se recomienda aplicar el principio de "flujo continuo y sin retorno", según el cual los productos nunca vuelven atrás en la cadena una vez que han avanzado a la siguiente fase de manipulación o conservación.

B. Normas de higiene y manipulación

Las normas de funcionamiento deben especificar con claridad cómo debe llevarse a cabo la manipulación de productos y el mantenimiento higiénico de los espacios. Esto implica:

- Lavado frecuente de manos, antes y después de cada operación.
- Uso de ropa de trabajo limpia y exclusiva del área de almacén.
- Desinfección regular de superficies, utensilios y herramientas.
- Limpieza diaria de zonas comunes, cámaras y estanterías.
- Uso obligatorio de EPIs adecuados: guantes, gorros, calzado antideslizante, etc.

Estas normas deben integrarse en un plan de autocontrol basado en el sistema APPCC (Análisis de Peligros y Puntos Críticos de Control), obligatorio según el Reglamento (CE) n.º 852/2004 sobre higiene de los productos alimenticios.

APPCC (HACCP en inglés): metodología preventiva que identifica, evalúa y controla los peligros significativos para la inocuidad de los alimentos durante su manipulación y almacenamiento.

C. Normas sobre la gestión documental y trazabilidad

Una parte esencial del funcionamiento del almacén es el **registro y control documental** de todas las operaciones. Esto permite:

- Localizar rápidamente cualquier lote de producto.
- Responder ante alertas sanitarias.
- Gestionar rotaciones de forma eficiente.
- Realizar inventarios fiables.

Las normas deben establecer:

- Qué documentos acompañan a cada producto (albaranes, fichas de recepción, certificados sanitarios).
- Cómo se almacenan los datos (físicamente o mediante sistemas ERP).
- Qué tipo de registros se llevan (entrada, salida, inventario, reclamaciones).
- Cuánto tiempo se conservan los documentos (según legislación vigente).

D. Normas de seguridad laboral

Además de las cuestiones operativas e higiénicas, las normas de funcionamiento deben contemplar las medidas de prevención de riesgos laborales aplicables a almacenes de productos alimentarios:

- Normas sobre carga máxima por estantería o unidad de transporte.
- Prohibición de acceso a zonas restringidas sin autorización.
- Señalización obligatoria en zonas de riesgo.
- Uso de equipos de elevación según protocolo.
- Planes de evacuación, simulacros y formación en primeros auxilios.

Estas normas deben basarse en la Ley 31/1995, de Prevención de Riesgos Laborales, y en el Real Decreto 486/1997, que establece disposiciones mínimas de seguridad y salud en los lugares de trabajo.

Ejemplo

Un trabajador de almacén no puede apilar cajas de marisco superando los límites de carga indicados en la ficha técnica de la estantería. Si lo hiciera, pondría en peligro su integridad y la de sus compañeros, además de incumplir el protocolo de seguridad interna.

E. Normas de funcionamiento digital y automatización

En muchos almacenes modernos se han incorporado sistemas informatizados que permiten gestionar la operativa mediante *software* especializado (por ejemplo, ERP o SGA). En estos casos, es fundamental definir:

- Quién introduce y valida los datos.
- Qué campos son obligatorios (fecha, lote, temperatura, responsable).
- Cómo se validan los movimientos de entrada y salida.
- Procedimientos de cierre de inventario y generación de informes.

Estas normas deben garantizar que el sistema informático refleje fielmente lo que sucede en el almacén físico, evitando duplicidades o lagunas de información que puedan afectar a la trazabilidad.

El conjunto de estas normas no puede improvisarse, ni mantenerse estático. Debe revisarse periódicamente, estar documentado por escrito, y difundirse entre el personal con formación continua. Solo así se puede asegurar un entorno de trabajo profesional, controlado y respetuoso con la legislación vigente y con los estándares de calidad alimentaria.

2. Descripción del funcionamiento y control de un almacén

El **almacén** es un espacio técnico cuya finalidad va más allá del simple almacenamiento: se trata de un sistema dinámico en el que convergen operaciones logísticas, normativas sanitarias, procedimientos documentales y herramientas tecnológicas. Su funcionamiento está determinado por una estructura física organizada, una gestión eficiente de flujos de mercancías, y una planificación orientada a la trazabilidad y la seguridad alimentaria. Además, el almacén actúa como nexo entre la producción y la distribución, lo que exige mecanismos de **control** robustos que garanticen la integridad de los productos y la continuidad operativa.

2.1. Diseño del almacén

El **diseño** de un almacén constituye uno de los factores más determinantes para la eficiencia, seguridad y calidad del proceso logístico. Su planificación implica tanto la disposición física de estanterías y cámaras, como la organización funcional de los espacios, los flujos de trabajo, las condiciones ambientales y las necesidades de conservación de los productos.

El **objetivo** de un diseño eficaz es permitir que los productos se muevan con fluidez, en condiciones óptimas, desde su entrada hasta su expedición, con el mínimo riesgo y coste operativo.

Fig. 4. En el caso específico de los pescados y mariscos, el diseño del almacén debe respetar con mayor rigor los principios de higiene, control térmico y prevención de contaminaciones cruzadas

Todo almacén de productos alimentarios debe organizarse siguiendo principios funcionales que faciliten el trabajo del personal, protejan la mercancía y garanticen la trazabilidad. Estos principios incluyen:

- **Separación de zonas según actividad** (recepción, almacenamiento, preparación de pedidos, expedición).
- **Diferenciación de áreas limpias y sucias**, y delimitación clara de recorridos para evitar interferencias.
- **Accesibilidad total a los productos**, sin necesidad de mover otros para alcanzarlos.
- **Optimización del espacio vertical**, utilizando estanterías de alturas adecuadas.
- **Circulación eficiente y segura** de personas y vehículos, con señalización clara y espacio suficiente para maniobras.

 Anotación

En industrias alimentarias, es especialmente importante que el diseño impida el cruce entre productos crudos y elaborados, lo cual es una exigencia de seguridad alimentaria según el Reglamento (CE) 852/2004.

El diseño debe contemplar la ubicación estratégica de las principales zonas operativas del almacén. A continuación, se muestra una tabla con una propuesta típica para un almacén de productos de la pesca:

Zona	Función principal	Características necesarias
Recepción.	Descarga, inspección y pesaje.	Accesos amplios, báscula, espacio para control de calidad.
Cámaras de refrigeración.	Conservación temporal del pescado fresco.	Temperatura constante entre 0–4 ºC, buena ventilación.
Zona de congelación.	Conservación prolongada de productos congelados.	Temperatura estable ≤ –18 ºC, aislamiento térmico.
Zona de preparación de pedidos.	Clasificación y embalaje de productos.	Mesas de trabajo, utensilios higienizables, EPIs.
Expedición.	Carga y despacho de mercancías.	Accesos directos al exterior, control de temperatura durante el embarque.
Zona de residuos.	Acopio de desechos y devoluciones.	Separación física, contenedores cerrados, limpieza frecuente.

Vocabulario

Zona de expedición: área donde se consolidan los pedidos ya preparados y listos para ser enviados, bajo condiciones que garantizan su integridad durante el transporte.

El diseño debe garantizar unas **condiciones ambientales controladas** que aseguren la estabilidad de los productos en función de su naturaleza. En el caso del pescado fresco, el control de la temperatura, la humedad relativa y la ventilación son imprescindibles para mantener su frescura y evitar la proliferación microbiana.

- **Refrigeración**: entre 0 °C y 4 °C.
- **Congelación**: –18 °C o inferiores.
- **Humedad relativa**: 85 %–95 % para evitar la desecación.
- **Ventilación**: sistemas de renovación del aire que impidan acumulación de olores o condensaciones.

Además, se deben evitar las fuentes de calor, los puntos ciegos sin vigilancia y las corrientes de aire que afecten a la temperatura de conservación.

Un diseño de almacén correcto también debe considerar aspectos ergonómicos y de seguridad para el personal:

- Evitar alturas excesivas o esfuerzos innecesarios.
- Diseñar pasillos amplios y bien iluminados.
- Incluir superficies antideslizantes y ventilación adecuada.
- Señalizar claramente salidas de emergencia, zonas de riesgo y rutas de evacuación.

Ejemplo

En un almacén de mariscos vivos, es necesario incorporar zonas húmedas para la conservación en agua salada oxigenada, con accesos diferenciados para evitar la contaminación de otras áreas.

El almacén debe estar preparado para **adaptarse** a cambios en la demanda, incorporación de nuevas especies o líneas de producto, y crecimiento futuro de la actividad. Para ello, el diseño debe incorporar:

- Espacios modulares.
- Estanterías móviles o ajustables.
- Equipos de conservación y manipulación con capacidad de ampliación.

El diseño de un almacén no es un proceso único y definitivo, sino un sistema vivo que debe actualizarse en función de las necesidades productivas, la evolución tecnológica y las exigencias normativas. Su correcta planificación y mantenimiento impactan directamente en la eficiencia, la higiene y la rentabilidad del proceso logístico.

Fig. 5. El criterio de flexibilidad es esencial en sectores como el pesquero, donde las campañas estacionales, los cambios en los hábitos de consumo o la normativa sanitaria pueden alterar las rutinas de almacenamiento

2.2. Flujo de mercancías

El **flujo de mercancías** en un almacén es el conjunto de movimientos físicos que realizan los productos desde su entrada hasta su salida. Este flujo debe estar planificado y controlado para evitar interrupciones, pérdidas de calidad, acumulaciones innecesarias o interferencias entre productos incompatibles. En el caso de los pescados y mariscos, donde la conservación y la higiene son factores críticos, un flujo de mercancías eficiente es sinónimo de seguridad alimentaria, trazabilidad y productividad.

La gestión del flujo de mercancías no solo se refiere a la circulación de los productos, sino también a la coordinación entre procesos, personas, medios de transporte y tecnologías de información que lo acompañan.

Existen varios modelos de organización del flujo de mercancías en función de cómo se distribuyen los espacios del almacén y cómo se mueven los productos a través de ellos. A continuación, se describen los más utilizados:

- **Flujo en U**: Entrada y salida están en el mismo lateral del almacén, lo que facilita la supervisión, reduce desplazamientos y es útil en espacios limitados.
- **Flujo en L**: Entrada y salida en lados contiguos. Permite cierta independencia de zonas, útil en almacenes medianos.

- **Flujo en T o lineal**: Entrada por un extremo y salida por el opuesto. Ideal para grandes volúmenes y máxima separación entre zonas limpias y sucias.

Modelo de flujo	Ventaja principal	Desventaja principal
U	Mayor control y eficiencia operativa.	Riesgo de interferencia entre entrada y salida.
L	Separación parcial de procesos.	Espacio poco aprovechado.
T	Separación máxima y flujo continuo.	Mayor necesidad de superficie.

Vocabulario

Flujo unidireccional: movimiento continuo de mercancías en una sola dirección, sin retrocesos ni cruces, que evita contaminaciones cruzadas y facilita la trazabilidad.

El flujo completo de mercancías en un almacén de productos pesqueros puede dividirse en varias etapas bien diferenciadas:

1. **Recepción**: verificación documental, control de calidad y pesaje de los productos.
2. **Despaletizado o preclasificación**: según especie, temperatura o destino.
3. **Almacenaje**: ubicación adecuada según necesidades térmicas, rotación y volumen.
4. **Preparación de pedidos**: agrupación, pesado, etiquetado y embalaje de productos.
5. **Consolidación de pedidos**: agrupación de cargas por cliente, transporte o destino.
6. **Expedición**: control final, carga y documentación de salida.

Este flujo debe acompañarse siempre de un sistema de registro en **tiempo real**, ya sea manual o informatizado, que refleje las operaciones realizadas y su trazabilidad.

Para garantizar la eficacia y seguridad del flujo de mercancías, se deben aplicar los siguientes principios:

- Separación física y temporal de productos entrantes y salientes.
- Evitar el almacenamiento en pasillos de circulación o zonas de tránsito.
- Establecer rutas de desplazamiento internas diferenciadas para personas y vehículos.
- Asignar zonas de espera temporales para productos pendientes de control.
- Diseñar espacios de trabajo ergonómicos, iluminados y señalizados.
- Mantener siempre actualizados los registros de entrada, ubicación y salida de cada lote.

En un almacén con flujo en U, los camiones descargan pescado fresco en la zona de recepción. Tras el control de calidad, los productos se clasifican y se trasladan a la cámara de refrigeración correspondiente. Cuando se recibe un pedido, el producto se extrae, se embala, se etiqueta y se lleva a la zona de expedición, ubicada junto a la entrada para facilitar la carga inmediata.

Tan importante como el movimiento de productos es el flujo de información que lo acompaña. Cualquier cambio de ubicación, entrada o salida debe estar respaldado por un registro digital o documental. Esta información permite:

- Aplicar correctamente criterios de rotación (por ejemplo, FIFO o FEFO).
- Facilitar auditorías internas o externas.
- Responder rápidamente ante una alerta sanitaria o devolución.
- Optimizar el *stock* y prever necesidades futuras.

Un flujo de mercancías bien diseñado y correctamente implementado constituye la columna vertebral del almacén. En el ámbito pesquero, donde los productos tienen una vida útil muy limitada y están sometidos a estrictos controles sanitarios, su importancia es aún mayor. El **éxito** de la operativa logística dependerá, en gran medida, de que el flujo de mercancías sea rápido, ordenado, documentado y respetuoso con las condiciones de conservación.

Fig. 6. El uso de sistemas ERP o SGA (Sistema de Gestión de Almacén) es cada vez más habitual incluso en almacenes medianos, ya que permite controlar el inventario en tiempo real, automatizar operaciones y reducir errores humanos

2.3. Unidad de carga

En la logística de almacén, el concepto de **unidad de carga** es fundamental para la organización, el transporte y el almacenamiento eficiente de productos. Se define como la agrupación de mercancías que se manipulan como una sola entidad, facilitando su desplazamiento, apilado, identificación y control. En el sector de productos pesqueros, donde se trabaja con mercancías perecederas, húmedas, frágiles y de distintas formas y pesos, contar con unidades de carga adecuadas es vital para preservar la calidad, optimizar el espacio y garantizar la higiene.

Por ejemplo, no es lo mismo configurar una unidad de carga para bandejas de filete de pescado que para sacos de almejas vivas. En este último caso, se deben utilizar envases transpirables que permitan el paso del agua y el oxígeno, y garantizar el etiquetado individual de cada saco con información sobre su procedencia y fecha de recolección. Además, los productos que generan escurridos (como la sardina fresca) deben manipularse en cajas drenantes, sobre palés elevados, para evitar contaminaciones por líquidos.

En un almacén destinado a la recepción y expedición de productos del mar, la configuración de las unidades de carga varía en función del tipo de producto, sus necesidades fisiológicas, sus condiciones de conservación y la normativa aplicable.

1. **Sacos de almejas vivas**: Para el almacenamiento temporal y el transporte de moluscos bivalvos vivos, como almejas, se utilizan sacos de red transpirables, que permiten el paso del oxígeno y el escurrido del exceso de agua. Estos sacos se colocan sobre jaulas de acero inoxidable con fondo perforado, lo que evita la acumulación de líquidos y facilita el control visual del producto. Cada saco lleva una etiqueta individual, resistente a la humedad, con datos obligatorios como especie, zona de producción (según clasificación sanitaria), fecha de recolección, y número de lote. Estas unidades de carga nunca se apilan directamente unas sobre otras para no comprometer la viabilidad del marisco.
2. **Bandejas de filete de pescado**: En el caso de productos elaborados como filetes de merluza o lomos de atún, envasados en bandejas termoformadas, la unidad de carga habitual consiste en palés de plástico alimentario sobre los que se colocan cajas agrupadoras. Estas bandejas están selladas al vacío o en atmósfera modificada, y protegidas mediante film retráctil. El apilado se realiza siguiendo un patrón escalonado que garantiza la estabilidad y la integridad del envase, especialmente en cámaras de frío positivo.
3. **Cajas drenantes para pescado entero**: Los productos frescos no envasados, como sardina, caballa o boquerón, se transportan en cajas plásticas con base perforada, diseñadas para permitir el drenaje del hielo fundido. Estas cajas se colocan sobre palés elevados que evitan el contacto directo con el suelo y se separan entre sí mediante láminas de polietileno alimentario si se requiere apilado. Este sistema minimiza el riesgo de contaminación cruzada por líquidos, especialmente importante en especies que generan exudado con alto contenido proteico.

La correcta **selección y gestión** de las unidades de carga tiene un impacto directo en la eficiencia operativa, la seguridad alimentaria y la trazabilidad del producto a lo largo de toda la cadena logística.

Una unidad de carga está formada por tres componentes esenciales:

- **Producto contenido**: puede tratarse de pescado fresco, mariscos vivos, productos congelados, elaborados, etc.
- **Elemento de agrupación o soporte**: suele ser un *palét*, caja, bandeja, contenedor isotérmico o cuba.
- **Sistema de sujeción o embalaje**: como *film* retráctil, precintos, redes o tapas, que aseguran la estabilidad de la carga y protegen el contenido.

Vocabulario

Palé (*pallet*): estructura rígida de madera, plástico o metal, que permite agrupar y manipular mercancías mediante carretilla elevadora o transpaleta.

Para definir correctamente una unidad de carga en un almacén de productos del mar, deben tenerse en cuenta varios criterios técnicos y sanitarios:

- Peso máximo soportable por el medio de transporte y el equipo de elevación (por ejemplo, no superar 1000 kg por palé estándar).
- Compatibilidad con el sistema de almacenaje (altura, profundidad, espacio entre estanterías).
- Estabilidad durante el movimiento o almacenamiento.
- Resistencia al agua o a condiciones de humedad y frío.
- Facilidad de limpieza y desinfección.
- Identificación y trazabilidad del contenido mediante etiquetado claro.

Anotación

En productos pesqueros, la unidad de carga debe permitir mantener la cadena de frío, evitar goteos y facilitar el control visual del estado de la mercancía sin comprometer su higiene.

Los tipos frecuentes de unidades de carga en productos pesqueros son los siguientes:

Tipo de unidad	Uso principal	Observaciones
Caja de plástico apilable.	Pescado fresco o mariscos vivos.	Reutilizable, fácil de limpiar, permite escurrido.
Contenedor isotérmico.	Transporte a larga distancia o almacenamiento temporal.	Conserva temperatura, requiere limpieza específica.
Palé con bandejas filmadas.	Producto elaborado o envasado.	Requiere estabilidad, buena para trazabilidad.
Cuba de acero inoxidable.	Grandes volúmenes de producto fresco.	De uso interno, ideal para sala de despiece.

La estandarización de las unidades de carga permite una logística más rápida, segura y rentable. Algunas de sus **ventajas** son:

- Reducción de tiempos de manipulación.
- Mayor control del *stock* gracias a referencias únicas por unidad.
- Facilita la rotación (FIFO o FEFO) de mercancías.
- Permite aprovechar mejor el espacio en cámaras y vehículos.
- Mejora la seguridad del personal al evitar cargas inestables o improvisadas.
- Favorece el uso de sistemas automatizados de almacenaje y transporte.

Una empresa que comercializa lubina fresca en cajas de 5 kg estandariza su unidad de carga en palés de 100 kg (20 cajas por palé), lo que facilita la gestión de pedidos, el control del inventario y la trazabilidad mediante código QR adherido al palé.

El diseño y el uso de las unidades de carga deben garantizar el cumplimiento de la normativa sanitaria aplicable a los productos de la pesca. Según el **Reglamento (CE) 853/2004**, los envases y recipientes utilizados deben:

Fig. 7. Una unidad de carga bien definida y gestionada agiliza el trabajo en el almacén y contribuye a garantizar la calidad, la seguridad y la trazabilidad de los productos pesqueros, desde la recepción hasta su entrega final

- Estar limpios, desinfectados y en buen estado.
- Evitar la contaminación del contenido durante el transporte o almacenamiento.
- Estar fabricados con materiales aprobados para contacto alimentario.
- Permitir la limpieza y desinfección frecuentes, especialmente si son reutilizables.

2.4. Código de barras y otros sistemas de identificación automática

La **identificación automática** de productos es un componente esencial en la gestión moderna de almacenes, ya que permite registrar y rastrear mercancías con rapidez, precisión y fiabilidad. En el contexto del almacenamiento y distribución de pescados y mariscos, donde la trazabilidad, la rotación de productos y el cumplimiento normativo son aspectos clave, los sistemas de identificación se convierten en herramientas imprescindibles para una operativa eficaz y segura.

Estos sistemas automatizados permiten identificar los productos y su ubicación e integrar toda la información relativa a fecha de captura, lote, peso, destino, temperatura, caducidad o proveedor. Gracias a ellos, se facilita la toma de decisiones en tiempo real, se reducen los errores humanos y se optimiza la trazabilidad exigida por la legislación alimentaria.

A. El código de barras: sistema más común

El **código de barras** es el sistema de identificación más extendido en logística. Consiste en un patrón gráfico de líneas y espacios de distinto grosor, que representa una serie numérica codificada. Este código puede ser leído por escáneres ópticos o lectores láser, permitiendo acceder rápidamente a la información asociada al producto o unidad de carga.

Sus principales ventajas son:

- Agilidad en el registro de entradas y salidas.
- Reducción de errores frente al registro manual.
- Integración con sistemas de gestión ERP o SGA.
- Control de *stock* automatizado.
- Compatibilidad con sistemas de trazabilidad requeridos por la normativa.

Vocabulario

ERP (*Enterprise Resource Planning*): *software* de gestión empresarial que permite integrar y automatizar procesos como inventario, pedidos, facturación o recursos humanos.

Existen distintos tipos de códigos, según el tipo de producto, nivel de trazabilidad y sistema de gestión empleado:

Tipo de código	Uso habitual	Características
EAN-13	Producto final envasado.	Código estándar en Europa para venta al por menor
GS1-128	Palés, cajas, productos frescos.	Permite codificar información adicional como lote, peso, fecha.
ITF-14	Cajas de agrupación o transporte.	Utilizado en logística para productos no destinados a consumidor final.

Ejemplo

Un lote de dorada envasada en bandejas puede llevar un código GS1-128 que incluye el número de lote, el peso neto y la fecha de caducidad, lo que permite a cualquier operador del almacén registrar la entrada, ubicación y salida de ese producto con un solo escaneo.

B. Otros sistemas de identificación automática

Además del código de barras, existen tecnologías más avanzadas y específicas que se emplean especialmente en entornos con gran rotación o necesidad de trazabilidad detallada. Entre ellas destacan:

- **Etiquetas RFID (Identificación por radiofrecuencia)**: Estas etiquetas contienen un microchip que transmite datos a un lector mediante ondas de radio. No necesitan línea de visión y permiten leer múltiples productos a la vez, incluso a través de materiales opacos.

- **Códigos QR (*Quick Response*)**: Son códigos bidimensionales que pueden almacenar gran cantidad de información (fecha de captura, origen, método de pesca, proveedor, etc.) y pueden ser leídos tanto por dispositivos industriales como por smartphones. Se utilizan cada vez más en trazabilidad alimentaria orientada al consumidor.

- **Sistemas de visión artificial**: Aunque menos habituales en pequeños almacenes, estos sistemas permiten reconocer automáticamente etiquetas, caracteres o formas de los productos mediante cámaras e inteligencia artificial.

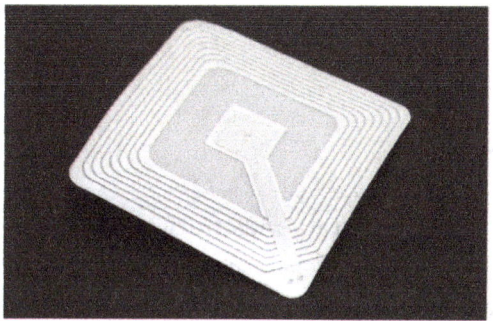

Fig. 8. El uso de etiquetas RFID se está extendiendo en empresas con grandes volúmenes y productos de alto valor

Anotación

El uso de RFID puede mejorar notablemente la trazabilidad en tiempo real, pero requiere una inversión inicial más elevada y un entorno tecnológico preparado para su integración.

La normativa europea impone la **obligación** de garantizar la trazabilidad en todas las etapas de la cadena alimentaria, desde la producción hasta la distribución. En particular:

- El **Reglamento (CE) n.º 178/2002** establece el principio de trazabilidad y la obligación de que cada operador sepa quién le suministró un producto y a quién se lo entregó.

- El **Reglamento (CE) n.º 853/2004** exige que los productos pesqueros lleven una etiqueta con el número de lote, fecha de producción o captura, zona FAO y método de conservación.
- La **normativa GS1** proporciona estándares internacionales para el etiquetado, identificación y trazabilidad aplicables al sector pesquero.

La identificación automática de productos mediante tecnologías como el código de barras, RFID o QR no es un lujo, sino una necesidad en almacenes donde la rapidez, el control y la seguridad alimentaria son prioritarios. La inversión en estos sistemas permite mejorar la eficiencia, minimizar los errores humanos y cumplir con las exigencias legales y comerciales del mercado actual.

2.5. Radiofrecuencia

La **radiofrecuencia** es una tecnología de comunicación que se utiliza para transmitir datos entre dispositivos mediante ondas electromagnéticas.

En el entorno logístico, su principal aplicación es facilitar el intercambio automático de información entre los sistemas de gestión y los operarios que manipulan mercancías, permitiendo una gestión en tiempo real de los procesos del almacén.

Fig. 9. La tecnología de radiofrecuencia ha revolucionado la logística moderna al aumentar la visibilidad, la agilidad y la fiabilidad en la toma de decisiones

En el caso de productos perecederos como los pescados y mariscos, donde el control de tiempo, temperatura, lotes y ubicación debe ser preciso, la radiofrecuencia permite reducir errores humanos, optimizar movimientos y asegurar la trazabilidad, incluso en situaciones de alta rotación y urgencia.

El sistema de radiofrecuencia en almacenes se basa en el uso de **terminales portátiles o fijos** (como pistolas lectoras, PDA o terminales de vehículo) que se comunican de forma inalámbrica con el sistema central de gestión del almacén (SGA o ERP). A través de estas conexiones, los operarios pueden:

- Recibir instrucciones al momento (ubicación de palés, tareas pendientes, cambios de *stock*).
- Registrar entradas y salidas con lectura de códigos de barras o RFID.
- Confirmar movimientos, preparar pedidos o inventariar sin usar papel.
- Realizar consultas de *stock* en tiempo real.

Vocabulario

Terminal de radiofrecuencia (RF terminal): dispositivo móvil utilizado en almacenes que permite interactuar con el sistema de gestión mediante una red inalámbrica, leyendo códigos y enviando datos instantáneamente.

Un sistema RF se compone de varios elementos que trabajan de forma integrada:

Componente	Función
Servidor de datos.	Aloja el sistema de gestión (ERP o SGA) y procesa la información.
Puntos de acceso (antenas).	Emisores de señal que conectan los dispositivos móviles al sistema central.
Terminales RF.	Equipos portátiles que utilizan los operarios para interactuar con el sistema.
Sistemas de identificación (códigos, RFID).	Etiquetas adheridas a productos o palés para ser leídas automáticamente.

Ejemplo

Un operario recibe en su terminal la orden de ubicar una caja de langostinos frescos en la cámara 2, posición D4. Tras escanear el código de la caja y confirmar su ubicación, el sistema actualiza automáticamente el inventario y asocia ese lote al nuevo punto de almacenamiento.

Las ventajas de la radiofrecuencia en almacenes de productos pesqueros son:

- Reducción de errores en la ubicación o preparación de pedidos.
- Actualización inmediata del inventario.
- Mayor control de trazabilidad, especialmente útil ante alertas sanitarias o devoluciones.
- Mayor agilidad operativa, especialmente en picos de actividad (ej. campañas estacionales).
- Mejor aprovechamiento del personal, ya que se reducen tiempos muertos y consultas.

Anotación

En almacenes de pescado donde se requiere trazabilidad por lote y temperatura, la radiofrecuencia permite registrar automáticamente estos datos al escanear el producto, evitando errores manuales.

A pesar de sus numerosas ventajas, la implementación de un sistema de radiofrecuencia también implica ciertas **limitaciones o retos**:

- Requiere infraestructura de red inalámbrica estable y segura.
- Supone una inversión inicial en *hardware* y *software*.
- Exige formación del personal para el correcto uso de los terminales.
- Debe adaptarse a entornos húmedos y fríos, típicos de almacenes de productos pesqueros, lo cual exige dispositivos resistentes al agua, al vapor y al contacto con alimentos.

2.6. Legislación y normativa de almacenamiento

El almacenamiento de productos alimentarios, y en particular de pescados y mariscos, está regulado por un conjunto de **normas** europeas, nacionales y autonómicas que tienen como finalidad garantizar la seguridad alimentaria, la higiene, la trazabilidad y la calidad del producto a lo largo de toda la cadena de suministro. Estas disposiciones afectan tanto al diseño y condiciones del almacén como a los procedimientos de conservación, manipulación, limpieza, etiquetado y gestión documental.

El cumplimiento riguroso de esta normativa protege al consumidor final y **reduce** riesgos legales y mejora la reputación comercial de la empresa operadora. El almacenamiento alimentario, por tanto, debe abordarse desde una perspectiva técnica, sanitaria y jurídica.

La base jurídica del almacenamiento de productos pesqueros en la Unión Europea se encuentra en el denominado **"Paquete Higiene"**, un conjunto de reglamentos de aplicación directa que definen las obligaciones de los operadores alimentarios.

Anotación

Los reglamentos europeos del Paquete Higiene son de obligado cumplimiento en todos los Estados miembros y no requieren transposición al ordenamiento nacional.

Los principales reglamentos del Paquete Higiene son:

Reglamento	Contenido	Aplicación al almacenamiento
Reglamento (CE) n.º 178/2002.	Establece los principios generales de la legislación alimentaria, incluida la trazabilidad.	Todo lote debe poder rastrearse hacia atrás y hacia delante.
Reglamento (CE) n.º 852/2004.	Relativo a la higiene de los productos alimenticios.	Establece condiciones higiénicas del almacenamiento: temperatura, limpieza, diseño, manipulación.
Reglamento (CE) n.º 853/2004.	Requisitos específicos para alimentos de origen animal.	Define temperaturas de conservación, requisitos de almacenamiento de pescados y mariscos.
Reglamento (UE) n.º 1169/2011	Información alimentaria facilitada al consumidor	Afecta al etiquetado y trazabilidad, también en almacenes intermedios

Según la normativa citada, los almacenes que conservan productos de la pesca deben cumplir los siguientes requisitos generales:

- Diseño y construcción que eviten contaminaciones cruzadas.
- Superficies impermeables, lavables, no tóxicas y resistentes a la corrosión.
- Disposición de zonas diferenciadas para productos limpios y sucios.
- Disponibilidad de sistemas de control de temperatura y humedad, con registro y verificación continua.
- Equipos de limpieza y desinfección adecuados, separados de zonas de manipulación.
- Evacuación de aguas residuales, sin riesgo de reflujo ni estancamiento.

Ejemplo

Una cámara de refrigeración que almacene merluza fresca debe mantenerse a una temperatura constante inferior a 4 ºC, disponer de pavimento antideslizante y contar con registro automático de temperatura, tal como exige el Reglamento 853/2004.

Además, todos los productos almacenados deben estar correctamente identificados mediante **etiquetas o códigos** que permitan seguir su rastro desde la entrada hasta la salida del almacén. Los operadores están obligados a conservar, al menos durante cinco años, la documentación correspondiente:

- Fecha de entrada y salida.
- Proveedor y destino.
- Número de lote o referencia interna.
- Certificados sanitarios si procede.
- Incidencias, devoluciones o retiradas.

Vocabulario

Trazabilidad: capacidad de reconstruir el recorrido de un alimento desde su origen hasta su destino final, registrando cada etapa del proceso.

En paralelo a la legislación alimentaria, el almacenamiento también está regulado por la normativa en materia de **prevención de riesgos laborales**, que exige adoptar medidas para garantizar la seguridad del personal:

- **Ley 31/1995 de Prevención de Riesgos Laborales**: marco general para todas las actividades.
- **Real Decreto 486/1997**: condiciones mínimas de seguridad y salud en los lugares de trabajo (iluminación, ventilación, espacio libre, señalización...).
- **Norma UNE 58451:2016**: establece los requisitos para la formación y operación segura con carretillas elevadoras, muy utilizadas en entornos logísticos.

Fig. 10. Las inspecciones periódicas comprueban que se cumplen los requisitos establecidos, pudiendo derivarse sanciones o cierres cautelares en caso de incumplimiento

A nivel autonómico, las autoridades competentes pueden exigir:

- Autorizaciones previas de actividad para almacenes de productos pesqueros.
- Inscripción en registros sanitarios (RGSEAA) para operar legalmente.
- Implantación de planes de autocontrol basados en APPCC y sistemas de verificación.

 Anotación

El incumplimiento de la normativa puede conllevar desde sanciones económicas hasta la inmovilización de productos o la suspensión de la actividad, con gran impacto económico y reputacional.

La legislación sobre almacenamiento de productos pesqueros configura un marco normativo exigente que debe conocerse y aplicarse con precisión. No se trata solo de conservar productos, sino de garantizar su **inocuidad, trazabilidad y presentación conforme a derecho**. El respeto a esta normativa protege al consumidor y distingue a las empresas comprometidas con la calidad y la profesionalidad.

3. Manejo de los Equipos de manutención del almacén

Los **equipos de manutención** son fundamentales para el desarrollo seguro y eficaz de las operaciones en un almacén. Incluyen todos aquellos dispositivos destinados al traslado, elevación, almacenamiento y manipulación de mercancías, tanto de forma manual como automatizada. Su elección y correcto uso influyen directamente en la productividad, la conservación de los productos y la prevención de riesgos laborales. En entornos con productos perecederos, como el pescado, la utilización de medios de manutención adecuados es esencial para preservar la cadena de frío, evitar contaminaciones y facilitar la rotación de existencias.

3.1. Equipo de almacenamiento

El **equipo de almacenamiento** se refiere al conjunto de estructuras, recipientes y elementos diseñados para contener, organizar y conservar las mercancías dentro del almacén de manera segura, accesible y conforme a la normativa sanitaria. Su elección debe adaptarse a las características del producto, al tipo de almacén, a las condiciones de conservación necesarias y a los flujos logísticos definidos en el diseño del espacio.

En el caso de pescados y mariscos, los equipos deben garantizar **la integridad física, térmica e higiénica** de los productos, evitando el contacto con agentes contaminantes, reduciendo el riesgo de aplastamiento o goteo y favoreciendo la correcta rotación del *stock*.

A la hora de definir los equipos que se utilizarán en un almacén de productos de la pesca, es imprescindible considerar:

- Naturaleza del producto (fresco, congelado, envasado, a granel).
- Necesidad de refrigeración o congelación.
- Condiciones de humedad y contacto con agua.
- Capacidad de carga y resistencia al peso acumulado.
- Fácil limpieza y desinfección.
- Compatibilidad con sistemas de rotación FIFO o FEFO.
- Accesibilidad y ergonomía para los operarios.

Ejemplo

Para almacenar mejillones vivos, se utilizan cajas perforadas apilables de plástico alimentario, que permiten el drenaje del agua y la oxigenación del producto.

A continuación, se presenta una clasificación de los equipos más habituales en almacenes del sector pesquero:

Tipo de equipo	Descripción	Usos principales
Estanterías metálicas.	Estructuras fijas o modulares con varios niveles.	Almacenaje vertical de productos en cajas o palés.
Palés o palets.	Plataformas estándar de madera, plástico o metal.	Agrupación y transporte de unidades de carga.
Cajas plásticas apilables.	Recipientes reutilizables, de fácil limpieza.	Contención de pescado fresco o marisco.
Contenedores isotérmicos.	Cajas de gran volumen con aislamiento térmico.	Conservación temporal sin refrigeración activa.
Arcones congeladores.	Equipos cerrados con temperatura constante ≤ -18 ºC.	Conservación prolongada de productos congelados.
Cámaras frigoríficas.	Espacios cerrados con control automático de temperatura.	Almacenaje masivo de productos frescos o congelados.

Vocabulario

Contenedor isotérmico: recipiente con paredes aislantes que conserva la temperatura del producto en su interior sin necesidad de energía externa durante periodos cortos.

Los materiales que componen los equipos deben ser **aptos** para el contacto con alimentos y cumplir las exigencias del Reglamento (CE) 1935/2004. Esto implica:

- Ser no tóxicos, inertes y resistentes a la humedad.
- No transferir sustancias ni olores al producto.
- Resistir el uso repetido, los cambios de temperatura y los procesos de limpieza.

Por tanto, en el entorno pesquero se priorizan materiales como:

- **Acero inoxidable**: para superficies de contacto, mesas y carros de transporte.
- **Plástico alimentario (HDPE o polipropileno)**: en cajas, palés y separadores.
- **Aluminio anodizado**: en estanterías, por su resistencia y bajo peso.

Un correcto programa de mantenimiento preventivo es clave para **garantizar** la durabilidad y funcionalidad de los equipos. Este debe incluir:

- Inspecciones periódicas para detectar daños estructurales, óxidos o deformaciones.
- Limpieza programada con productos autorizados, adaptados al tipo de equipo.
- Sustitución inmediata de elementos deteriorados o que supongan riesgo higiénico.
- Revisión de cámaras: juntas, puertas, termómetros y condensadores.

Anotación

Los equipos que presenten fisuras, oxidación o acumulación de residuos deben retirarse inmediatamente de la zona de manipulación o almacenamiento.

El equipo de almacenamiento no solo tiene una función operativa, sino que forma parte esencial del sistema de calidad, seguridad alimentaria y prevención de riesgos laborales del almacén.

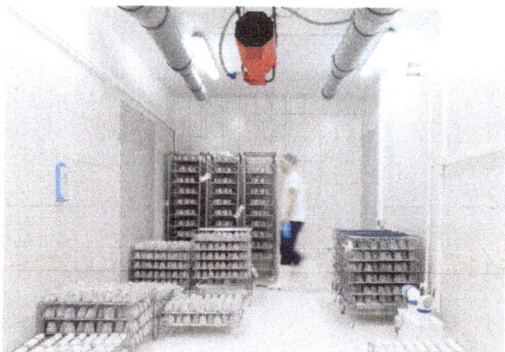

Fig. 11. Una buena elección y gestión de estos recursos permite preservar la frescura de los productos, optimizar el espacio disponible y cumplir con los estándares higiénico-sanitarios exigidos por la legislación

3.2. Unidades y manipulación de almacenaje

La correcta manipulación de las unidades de almacenaje es un aspecto clave en la gestión logística de cualquier almacén, especialmente en el ámbito alimentario. Este proceso comprende todas las acciones físicas necesarias para trasladar, organizar, ubicar, recoger o reubicar los productos, desde su entrada hasta su expedición. En los productos pesqueros, debido a su fragilidad, variabilidad en forma y presentación, y su rápida degradación, la manipulación debe ejecutarse con rapidez, precisión y extremo cuidado higiénico.

La manipulación de mariscos vivos requiere una atención especial, ya que cualquier golpe, sacudida o exposición térmica puede comprometer su viabilidad. Por ejemplo, en el caso de langostas o bogavantes, las unidades de almacenaje deben permitir el control de humedad y temperatura sin exposición directa al aire seco o al frío excesivo. Para los productos congelados como colas de rape o filetes de merluza, es fundamental evitar roturas del embalaje que puedan provocar quemaduras por congelación o contaminación cruzada durante el almacenamiento.

Las unidades de almacenaje hacen referencia a los formatos o estructuras con los que se agrupan y manipulan los productos dentro del almacén.

Fig. 12. Las unidades de almacenaje deben ser coherentes con la naturaleza del producto, el tipo de equipo de transporte interno y el sistema de almacenamiento utilizado

Para garantizar una manipulación eficiente, segura y compatible con las normativas sanitarias, las unidades de almacenaje deben cumplir ciertos requisitos fundamentales:

- **Estandarización**: medidas compatibles con estanterías, cámaras, palés y vehículos.
- **Resistencia**: capacidad de soportar el peso del producto sin deformaciones.
- **Higiene**: facilidad de limpieza, materiales inocuos y no absorbentes.
- **Identificación**: posibilidad de etiquetado visible y duradero.
- **Apilabilidad**: posibilidad de ser colocadas en altura sin comprometer la estabilidad.

Vocabulario

Unidad de almacenaje: estructura o contenedor individual en el que se agrupan y manipulan los productos dentro del almacén (caja, bandeja, contenedor, palé...).

Los tipos comunes de unidades de almacenaje en el sector pesquero son:

Unidad	Aplicación	Características
Cajas plásticas apilables.	Pescado fresco, marisco vivo.	Reutilizables, drenables, permiten ventilación y apilado.
Bandejas termoformadas.	Producto envasado o procesado.	Uso alimentario, aptas para filmado, ligeras.
Contenedores isotérmicos.	Lotes grandes o rutas de distribución.	Conservación de temperatura, buena resistencia.
Palés con film retráctil.	Agrupaciones de cajas o bandejas.	Estables, ideales para expedición y carga mecanizada.
Cubetas de acero inoxidable.	Uso en obradores o salas de despiece.	Muy resistentes, fáciles de desinfectar.

La manipulación debe realizarse bajo principios de **seguridad, ergonomía e higiene**, tanto si es manual como mecanizada. Algunas buenas prácticas son:

- Evitar arrastrar las unidades por el suelo.
- No apilar más allá del límite de seguridad del envase.
- Utilizar carros, transpaletas o carretillas elevadoras siempre que sea posible.

- Inspeccionar las cajas o contenedores antes de su uso, comprobando su limpieza y estado.
- Usar guantes y otros EPIs durante toda la manipulación.
- Mantener una trazabilidad precisa mediante lectura de etiquetas o códigos.

Un operario que traslada una caja de sardinas frescas desde la recepción hasta la cámara debe evitar movimientos bruscos, mantener la caja en posición horizontal y utilizar un carro limpio para evitar contaminaciones.

Una manipulación inadecuada puede comprometer tanto la seguridad alimentaria como la integridad física de los trabajadores. Algunos de los riesgos más habituales son:

- Contaminación cruzada por contacto con suelos, utensilios sucios o productos incompatibles.
- Aplastamientos por apilado excesivo o inestable.
- Caídas de productos por desplazamiento sin sujeción.
- Dolencias musculoesqueléticas por malas posturas o sobrecargas.

Para **evitarlos**, es fundamental aplicar:

- Formación básica en manipulación manual de cargas (según el Real Decreto 487/1997).
- Protocolos claros de limpieza y desinfección de unidades.
- Normas internas de apilado máximo.
- Supervisión y mantenimiento periódico del material logístico.

Anotación

En las salas de almacenamiento frigorífico, el uso de guantes térmicos y calzado antideslizante es obligatorio para manipular unidades de carga en condiciones de baja temperatura.

La elección y manipulación adecuada de las unidades de almacenaje tiene una influencia directa sobre la eficiencia operativa, la seguridad alimentaria y la integridad del producto. Por ello, debe considerarse como parte integral del sistema logístico y no como un aspecto accesorio. En el caso de los productos del mar, donde cada minuto cuenta para conservar la calidad, una manipulación eficaz es, sin duda, un factor crítico de éxito.

3.3. Equipos y medios de almacenaje (envases, embalajes, pales, entre otros)

Los **equipos y medios de almacenaje** son todos aquellos elementos físicos que permiten contener, proteger, organizar y facilitar el movimiento de productos dentro del almacén. En el ámbito de los productos pesqueros, estos medios desempeñan un papel crítico, ya que deben adaptarse a las condiciones de humedad, frío y manipulación frecuente, además de respetar la normativa sanitaria vigente.

Su correcta elección y uso impacta directamente en la seguridad alimentaria, la eficiencia logística y la integridad del producto, por lo que es necesario conocer sus características técnicas, su funcionalidad y las exigencias higiénico-sanitarias que deben cumplir.

Podemos clasificar estos equipos y medios en función de su **finalidad operativa**:

1. **Envases primarios**: en contacto directo con el alimento.
2. **Embalajes secundarios**: agrupan envases primarios para su manipulación.

3. **Medios de soporte logístico**: palés, carros, contenedores o estructuras que permiten el transporte y apilado.

Vocabulario

- **Envase primario:** recipiente que entra en contacto directo con el producto alimentario (bandeja, bolsa, caja).
- **Embalaje secundario:** estructura exterior que agrupa y protege los envases primarios para su manejo logístico (*film*, caja de cartón, retractilado).

Los envases deben ser **aptos para contacto alimentario** y permitir una conservación adecuada del producto. Sus materiales deben cumplir el Reglamento (CE) 1935/2004 y sus modificaciones.

Tipo de envase	Aplicación	Características
Bandejas termoformadas.	Producto fileteado o elaborado.	Plástico alimentario, envasable al vacío o con atmósfera modificada.
Cajas plásticas drenables.	Producto fresco o marisco entero.	Apilables, con orificios para escurrido y ventilación.
Sacos o redes.	Marisco vivo (mejillones, almejas).	Permiten el paso del agua, etiquetado con origen y fecha.
Cubetas inoxidables.	Uso interno en salas de despiece.	Muy resistentes, no alteran el producto.

Ejemplo

Una caja de langostinos frescos se coloca en una bandeja plástica apilable, sobre una capa de hielo en escamas, con una etiqueta que identifica el lote, el proveedor y la fecha de captura.

Los **embalajes secundarios** permiten proteger el contenido frente a golpes, contaminación y condiciones externas, además de facilitar su agrupación y traslado.

- **Cajas de cartón plastificado**: usadas para exportación o entrega a clientes. Deben resistir la humedad.
- **Film retráctil o extensible**: estabiliza las cargas sobre el palé.

- **Plástico burbuja o separadores**: protegen productos delicados en el interior de cajas.
- **Etiquetas logísticas**: con información de trazabilidad, peso, código de barras o QR.

Anotación

El embalaje no solo cumple una función de protección, sino que es clave para mantener la identificación del producto y garantizar la trazabilidad a lo largo de toda la cadena logística.

Por su parte, los **palés (o *pallets*)** permiten agrupar múltiples cajas o unidades de producto para facilitar su movimiento con maquinaria.

Fig. 13. Los palés son imprescindibles para el almacenamiento vertical en estanterías o para la carga y descarga de vehículos

Tipo de palé	Material	Aplicación
Palé europeo (EUR).	Madera.	Estándar en logística general. Debe estar limpio y sin astillas.
Palé de plástico alimentario.	Plástico HDPE.	Uso exclusivo en zonas de contacto alimentario. Fácil de lavar.
Palé isométrico cerrado.	Plástico reforzado.	Aislante térmico. Ideal para cámaras de frío y congelación.

Además de los palés, se utilizan:

- **Carros de transporte**: para mover productos entre zonas del almacén.

- **Contenedores isotérmicos con ruedas**: para lotes sensibles a los cambios de temperatura.
- **Rejillas o estanterías móviles**: para productos en rotación continua.

Todos estos medios deben:

- Estar en buen estado estructural (sin roturas, deformaciones o restos de productos).
- Ser fácilmente lavables y desinfectables, especialmente si son reutilizables.
- Evitar materiales porosos o que puedan absorber humedad.
- Estar identificados para control interno de uso y ubicación.

Después del uso, las cajas plásticas deben lavarse con agua a presión y desinfectarse con productos autorizados antes de volver a utilizarse. Las de un solo uso deben ser desechadas de forma segura según protocolo.

Los **equipos y medios de almacenaje** no son meros recipientes, sino elementos estratégicos que inciden directamente en la calidad del producto, la eficiencia operativa y el cumplimiento normativo. Su selección, mantenimiento y uso correcto permiten mantener la cadena de frío, prevenir contaminaciones y facilitar una logística fluida y segura.

3.4. Equipos y medios para el movimiento de cargas y mercancías

El **movimiento interno de cargas** es una de las actividades logísticas más relevantes dentro de un almacén, ya que permite trasladar productos desde el punto de recepción hasta su ubicación definitiva, preparación de pedidos o expedición. Para realizar esta función con eficiencia, seguridad y rapidez, se utilizan distintos equipos y medios mecánicos o manuales que deben adaptarse a las características de las mercancías y del espacio de trabajo.

En el caso de pescados y mariscos, la manipulación debe ser especialmente cuidadosa, debido a que se trata de productos perecederos, delicados y que requieren conservar condiciones térmicas estrictas. Por ello, el uso adecuado de estos equipos permite minimizar tiempos, reducir esfuerzos físicos, evitar deterioros del producto y cumplir las normas higiénico-sanitarias.

Para **elegir** los equipos más adecuados en un almacén de productos del mar, deben considerarse los siguientes aspectos:

- Peso y volumen de las cargas habituales.
- Frecuencia y distancia de los desplazamientos internos.
- Condiciones del entorno: humedad, frío, superficies deslizantes, espacios reducidos.
- Tipo de unidad de carga: palé, caja, contenedor, bandeja…
- Nivel de mecanización deseado: manual, semiautomático o motorizado.
- Normativa de prevención de riesgos laborales y seguridad alimentaria.

 Vocabulario

Movimiento de cargas: conjunto de operaciones destinadas al traslado físico de mercancías dentro de un almacén mediante medios manuales o mecánicos.

A. Equipos manuales y semimanuales

Estos equipos no motorizados son comunes en almacenes pequeños o en zonas de difícil acceso. Se utilizan para desplazamientos cortos, operaciones ligeras o donde la precisión es prioritaria.

Equipo	Uso principal	Ventajas
Carros de transporte.	Movimiento de cajas o bandejas.	Ligeros, versátiles y fáciles de limpiar.
Transpaleta manual.	Desplazamiento de palés a baja altura.	Bajo coste, sin mantenimiento mecánico.
Carros de cubetas o contenedores.	Traslado de pescado en hielo o marisco vivo.	Permiten escurrido y manipulación segura.
Rodillos o rampas.	Transferencia entre niveles o zonas.	Útiles en líneas de producción o carga.

Ejemplo

Un operario utiliza una transpaleta manual para mover un palé con 150 kg de cajas de pescado desde la cámara frigorífica hasta la zona de expedición.

B. Equipos motorizados y automotores

Para manejar cargas más pesadas o realizar trayectos frecuentes, se utilizan **medios mecánicos** que mejoran la productividad y reducen el esfuerzo físico del personal. En almacenes medianos o grandes, son imprescindibles.

Equipo	Características	Aplicación típica
Carretilla elevadora frontal.	Motor eléctrico o térmico, mástil vertical.	Carga/descarga de camiones, apilado de palés.
Apilador eléctrico.	Elevación media, uso en pasillos estrechos.	Almacenaje en altura de palés ligeros.
Transpaleta eléctrica.	Motor eléctrico, conducción a pie o a bordo.	Desplazamientos medios y largos con carga.
Carretilla retráctil.	Mástil extensible, gran maniobrabilidad.	Almacenes con estanterías altas y poco espacio.

Anotación

Según la norma UNE 58451:2016, es obligatorio que el personal que utilice carretillas elevadoras esté formado y certificado en su uso seguro, con formación teórico-práctica actualizada.

Dado que estos equipos operan en zonas donde se manipulan alimentos, deben cumplir con **condiciones** de higiene y seguridad:

- Estar fabricados con materiales inoxidables o recubiertos para resistir la humedad.
- Tener ruedas lisas o recubiertas que no desprendan partículas.
- Estar libres de grasa, óxido o fugas de aceite.
- Ser limpiados y desinfectados con frecuencia, especialmente si entran en cámaras frigoríficas.
- Incorporar dispositivos de seguridad: señales acústicas, protección antivuelco, frenos automáticos, luces de advertencia...

Ejemplo

Una carretilla eléctrica que opera dentro de una cámara de congelación debe tener baterías resistentes al frío, ruedas antideslizantes y carrocería lavable con agua a presión.

El uso de medios de movimiento de cargas debe regirse por principios de **prevención de riesgos laborales**, según la Ley 31/1995 y el Real Decreto 1215/1997. Entre las recomendaciones clave destacan:

- Evaluar la capacidad máxima de carga de cada equipo y respetarla estrictamente.
- No transportar cargas inestables o mal apiladas.
- Evitar la presencia simultánea de peatones y maquinaria en zonas de maniobra.
- Aplicar protocolos de circulación interna y señalización visible.
- Proporcionar formación específica a todo el personal implicado.

La correcta selección y mantenimiento de los equipos y medios de movimiento de cargas en el almacén de productos pesqueros permite optimizar los flujos logísticos, mejorar la seguridad de las operaciones y garantizar el cumplimiento de las condiciones higiénicas exigidas.

Fig. 14. Una manipulación eficaz contribuye a preservar la calidad del producto, minimizar mermas y aumentar la productividad del almacén

4. Sensibilización hacia las medidas de Seguridad y Prevención de riesgos en el almacén

El trabajo en almacenes presenta una diversidad de riesgos laborales que deben ser gestionados con medidas preventivas adecuadas. La manipulación de cargas, el uso de maquinaria, las superficies resbaladizas o la exposición a temperaturas extremas exigen una cultura preventiva sólida y un conocimiento preciso de las normas básicas de seguridad. La aplicación de estas medidas protege la integridad física del personal y también reduce interrupciones operativas y mejora el clima laboral. La prevención debe entenderse como parte inherente de la gestión de calidad en cualquier instalación de almacenamiento.

4.1. Riesgos y accidentes habituales en el almacén

Los almacenes son entornos de trabajo donde confluyen actividades físicas intensas, circulación de maquinaria, manipulación de cargas, condiciones ambientales variables y presencia de productos perecederos. Todo ello convierte estos espacios en escenarios potencialmente peligrosos si no se identifican, previenen y gestionan adecuadamente los riesgos.

En el caso de almacenes dedicados al pescado y al marisco, a los peligros habituales se suman factores específicos como el suelo resbaladizo por presencia de agua o hielo, bajas temperaturas, utensilios cortantes o productos biológicos en descomposición, que requieren una atención preventiva aún más estricta. Además, el trabajo en cámaras frigoríficas puede provocar fatiga térmica o problemas respiratorios si no se utilizan los EPIs adecuados.

Fig. 15. Existen riesgos derivados del manejo de mariscos vivos, que pueden incluir pellizcos, alergias o reacciones por contacto

Se expone un ejemplo de mala praxis en un almacén de productos pesqueros:

Durante una jornada de trabajo en un almacén de pescado y marisco, un operario realiza tareas de movimiento de cajas en la cámara frigorífica sin utilizar el equipo de protección individual adecuado. Lleva guantes de algodón comunes, calzado sin suela antideslizante y carece de protección térmica específica. Además, no ha sido informado de que en una zona próxima se ha producido el derrame de agua de fusión de hielo procedente de una pila de sardinas.

Al intentar mover un palé con cajas de almejas vivas, se resbala debido al suelo mojado, cae sobre una caja rota de marisco, y sufre un corte profundo con una arista plástica expuesta. En el mismo momento, otro trabajador acude en su ayuda, manipulando el producto sin guantes, lo que le provoca una reacción alérgica inmediata al entrar en contacto con los moluscos.

Durante la evaluación posterior del accidente, se identifican varios fallos:

- Ausencia de señalización de zona húmeda o resbaladiza.
- Falta de control del estado de las cajas de marisco (una de ellas estaba agrietada y no apta para uso).
- No uso de EPIs adecuados para el entorno térmico ni para la manipulación de productos vivos.
- Ausencia de protocolo de actuación en caso de derrame o accidente en cámara frigorífica.

Este caso muestra cómo una suma de negligencias y omisiones en prevención puede derivar en un accidente múltiple que afecta tanto a la salud de los trabajadores como a la seguridad alimentaria del producto.

A continuación, se describen los tipos de riesgos más comunes que pueden provocar accidentes laborales, lesiones o daños materiales en el entorno logístico:

1. **Riesgos físicos:**
   - Golpes contra estanterías, puertas, muros o cajas.
   - Cortes con cuchillos, ganchos o cajas deterioradas.
   - Exposición prolongada al frío en cámaras o arcones.
   - Caídas a distinto o mismo nivel, especialmente por suelos mojados.

2. **Riesgos ergonómicos:**
   - Sobreesfuerzos al levantar cargas pesadas.
   - Posturas forzadas durante la manipulación repetitiva de productos.
   - Fatiga muscular y articular por turnos prolongados o tareas monótonas.

3. **Riesgos mecánicos:**
   - o Atrapamientos con puertas automáticas o carros móviles.
   - o Golpes o atropellos con carretillas elevadoras o transpaletas.
   - o Mal funcionamiento de equipos (mástiles, frenos, sensores...).

4. **Riesgos eléctricos y térmicos:**
   - o Contacto accidental con paneles eléctricos sin aislamiento.
   - o Quemaduras por limpieza con vapor o equipos de esterilización.
   - o Hipotermia por exposición continua a temperaturas bajo cero.

5. **Riesgos biológicos:**
   - o Contacto con fluidos o restos orgánicos en descomposición.
   - o Riesgo de infecciones por heridas abiertas en manos o brazos.
   - o Proliferación de microorganismos en equipos o envases no higienizados.

Ejemplo

Un operario resbala al empujar una caja de pescado en una cámara frigorífica mal drenada, provocándose un esguince. El suelo no tenía señalización de humedad ni estaba el calzado adecuado para entornos resbaladizos.

La mayoría de los accidentes en almacenes responden a causas evitables. Entre las más habituales destacan:

- **Desorganización del espacio de trabajo**: pasillos obstruidos, productos mal colocados, falta de señalización.
- **Falta de formación específica** sobre manipulación de cargas y uso de maquinaria.
- **Uso inadecuado o ausencia de EPIs** (guantes, calzado, protección auditiva o térmica).
- **Condiciones ambientales desfavorables**, como iluminación deficiente o mala ventilación.

- **Prisas, fatiga o distracciones** que reducen la atención y aumentan el riesgo de error humano.

Anotación

Según datos del Instituto Nacional de Seguridad y Salud en el Trabajo (INSST), el sector de la logística y la manipulación de alimentos presenta una de las tasas más altas de accidentes por sobreesfuerzos y caídas al mismo nivel, especialmente en almacenes frigoríficos.

Los accidentes pueden tener **consecuencias** a distintos niveles:

- **Personales**: lesiones físicas, traumatismos, enfermedades laborales, incapacidades temporales o permanentes.
- **Productivas**: interrupciones de procesos, reducción del rendimiento, necesidad de sustituciones urgentes.
- **Económicas**: costes por bajas médicas, sanciones por incumplimiento normativo, reparaciones o reemplazo de equipos dañados.
- **Legales**: responsabilidad civil o penal del empresario en caso de negligencia preventiva.

Vocabulario

Accidente laboral: suceso repentino relacionado con el trabajo que causa daño físico o psicológico al trabajador durante el desempeño de su actividad.

La **identificación** de los riesgos y accidentes habituales en el almacén es el primer paso para implantar una cultura de prevención sólida, donde cada trabajador comprenda los peligros, participe en su control y contribuya activamente a un entorno de trabajo seguro y saludable.

4.2. Medidas preventivas hacia los riesgos de accidentes

Una vez identificados los riesgos más comunes en el entorno del almacén, es fundamental aplicar medidas preventivas específicas que permitan reducir la probabilidad de que se produzcan accidentes o minimizar sus consecuencias si llegan a ocurrir. La prevención no se limita a actuar cuando ya ha habido un incidente, sino que debe ser un sistema planificado, continuo y transversal que implique a toda la organización.

En el caso de los productos pesqueros, estas medidas deben adaptarse a las peculiaridades del entorno: humedad constante, temperaturas extremas, manipulación de productos biológicos y uso de maquinaria pesada en espacios compartidos con personas. Por ejemplo, las medidas preventivas deben incluir la limpieza frecuente de suelos para evitar acumulación de escamas, sangre o agua, el uso de calzado antideslizante y térmico, y la

Fig. 16. La prevención debe integrarse en el diseño del almacén, los procedimientos de trabajo, la formación del personal y la selección de los equipos

delimitación de zonas donde se utilicen cuchillos o sierras. El personal debe estar formado específicamente en riesgos derivados de la manipulación de marisco vivo y en la prevención de cortes con productos pesados o de formas irregulares, como el congrio o las nécoras.

A continuación, se enumeran las **medidas** más eficaces y habituales para evitar accidentes laborales en almacenes de productos alimentarios:

1. **Señalización, orden y limpieza:**
   - Delimitar claramente las zonas de tránsito peatonal y las de circulación de maquinaria.
   - Señalizar puntos críticos: rampas, escalones, puertas automáticas, zonas de riesgo eléctrico o térmico.

- Mantener los pasillos despejados, sin obstáculos ni mercancía temporalmente colocada.
- Eliminar charcos de agua o escarcha, y colocar carteles de suelo mojado de forma visible.
- Implantar planes de limpieza y desinfección programada, con responsables asignados.

Anotación

El orden y la limpieza no son solo cuestiones estéticas o sanitarias: tienen un impacto directo en la prevención de caídas, resbalones y accidentes mecánicos.

2. **Equipos de protección individual (EPIs):** Todo el personal que opere en almacenes debe estar equipado con EPIs adecuados a la tarea y al entorno. Algunos elementos clave incluyen:

EPI	Función preventiva
Calzado antideslizante y puntera reforzada.	Previene caídas y aplastamientos.
Guantes impermeables y térmicos.	Protegen de cortes, pinchazos y bajas temperaturas.
Protección auditiva (si se usan máquinas ruidosas).	Reduce la exposición a ruido prolongado.
Gorro, mascarilla o pantalla facial.	Evita contaminación cruzada o salpicaduras.

En cámaras de congelación, es obligatorio el uso de ropa térmica, guantes aislantes y calzado antideslizante para prevenir tanto hipotermias como caídas.

3. **Formación continua y protocolos de actuación:**
   - Proporcionar formación inicial y periódica en prevención de riesgos, manipulación de cargas, uso de maquinaria y primeros auxilios.
   - Disponer de protocolos escritos y visibles sobre cómo actuar ante emergencias, accidentes o detección de anomalías.
   - Simulacros periódicos de evacuación y actuaciones frente a incendios o fugas de productos.

Simulacro de emergencia: ejercicio práctico que reproduce una situación crítica (como un incendio o una fuga) para evaluar la preparación del personal y la eficacia de los protocolos.

4. **Prevención de sobreesfuerzos y lesiones musculoesqueléticas:**
   - Fomentar el uso de carros, transpaletas o carretillas para evitar la carga manual directa.
   - Establecer límites de peso recomendados para la manipulación individual (25 kg como máximo en condiciones estándar).
   - Capacitar en técnicas correctas de levantamiento: mantener la espalda recta, flexionar rodillas, evitar giros bruscos.
   - Rotar tareas para prevenir la fatiga y evitar movimientos repetitivos prolongados.

5. **Mantenimiento preventivo de maquinaria y equipos:**
   - Revisar periódicamente el estado de carretillas, transpaletas, cámaras frigoríficas, puertas automáticas y estanterías.

- Sustituir o reparar de inmediato cualquier equipo defectuoso.
- Registrar las inspecciones técnicas y asignar responsables del mantenimiento.
- Limitar el uso de maquinaria a personal autorizado y formado, especialmente carretillas elevadoras (según norma UNE 58451).

Según el artículo 15 de la Ley 31/1995 de Prevención de Riesgos Laborales, las empresas deben aplicar el principio de acción preventiva basado en:

1. Evitar los riesgos.
2. Evaluarlos si no se pueden evitar.
3. Combatirlos en su origen.
4. Adaptar el trabajo a la persona.
5. Tener en cuenta la evolución de la técnica.
6. Sustituir lo peligroso por lo que entrañe poco o ningún peligro.

En definitiva, la prevención de accidentes en el almacén debe integrarse en la cultura de empresa como un valor compartido y no como una obligación externa. Solo mediante una combinación de formación, disciplina, orden, mantenimiento y vigilancia activa, es posible reducir los riesgos y garantizar un entorno de trabajo seguro, saludable y eficiente.

4.3. Normas básicas de actuación en casos de emergencia e incendios

Toda instalación industrial, incluido un almacén logístico, debe contar con procedimientos establecidos de actuación ante situaciones de emergencia, especialmente ante incendios, fugas de sustancias peligrosas, cortes de energía, accidentes laborales graves o catástrofes naturales. En entornos relacionados con el almacenamiento de productos pesqueros, donde se combinan equipos eléctricos, bajas temperaturas, maquinaria en movimiento y materiales de embalaje inflamables, la prevención y respuesta ante emergencias debe estar claramente planificada.

Fig. 17. Una actuación rápida, ordenada y conforme a protocolo puede marcar la diferencia entre un incidente menor y un siniestro con consecuencias graves para la seguridad, los bienes o la vida de las personas

Aunque los riesgos pueden variar según el tipo de instalación, en un almacén de pescados y mariscos es frecuente encontrar:

- Incendios o conatos de incendio, por fallo eléctrico, sobrecarga de equipos o mal almacenamiento de materiales inflamables.
- Fugas de amoníaco o gases refrigerantes en cámaras de conservación.
- Cortes de suministro eléctrico, que comprometen la cadena de frío.
- Accidentes graves con maquinaria (carretillas, puertas automáticas, cámaras de presión).
- Inundaciones por fallos en el drenaje, rotura de conducciones o lluvias intensas.

Toda actuación ante una emergencia debe seguir cuatro principios fundamentales, conocidos como el protocolo **PAS**:

1. **Proteger**: asegurar la zona para evitar que el daño se extienda o que haya más víctimas.
2. **Avisar**: comunicar inmediatamente la emergencia al responsable designado o a los servicios externos.
3. **Socorrer**: asistir a los heridos o actuar contra la amenaza si se dispone de formación y recursos.

Vocabulario

Protocolo PAS: secuencia estándar de actuación ante emergencias: Proteger, Avisar y Socorrer.

Si se detecta fuego o humo en cualquier zona del almacén, deben seguirse las siguientes pautas:

- Activar el sistema de alarma contra incendios.
- Avisar al responsable de emergencias y al 112 si procede.
- Si es un conato pequeño, intentar apagarlo con un extintor adecuado (por ejemplo, de CO_2 en zonas eléctricas).
- Cerrar puertas y ventanas cercanas para limitar la propagación del fuego.
- Cortar la corriente eléctrica si es seguro hacerlo.
- Evacuar el área siguiendo la ruta de evacuación señalizada.
- No utilizar ascensores ni bloquear salidas.
- Dirigirse al punto de encuentro exterior y esperar instrucciones.

Ejemplo

Un pequeño incendio en un cuadro eléctrico de una cámara frigorífica se detecta a tiempo. El trabajador acciona el extintor de CO_2, comunica la situación al coordinador de emergencias y se activa la evacuación parcial del área.

Los refrigerantes industriales como el amoníaco (NH_3) pueden ser peligrosos si se liberan en grandes cantidades:

- No permanecer en la zona si se detecta olor fuerte, niebla o dificultad para respirar.
- Avisar inmediatamente al personal técnico.
- Activar los sistemas de ventilación forzada si están disponibles.
- Evacuar la zona según protocolo sin correr ni gritar.

- No intentar manipular válvulas ni acercarse sin equipo de protección adecuado.

 Anotación

Las cámaras frigoríficas industriales deben contar con detectores de fuga de gases y alarmas sonoras y visuales automáticas.

Además, todo almacén debe tener un **Plan de Emergencia y Evacuación** adaptado a sus características. Este plan debe incluir:

- Planos de evacuación visibles en todas las zonas de tránsito.
- Extintores portátiles distribuidos según superficie y riesgos.
- Sistema de detección y alarma de incendios.
- Luz de emergencia y señalización fotoluminiscente.
- Personal designado como equipo de primera intervención.
- Simulacros anuales obligatorios.
- Formación básica en primeros auxilios y uso de extintores.

La **conducta general** del personal ante cualquier emergencia debe ser:

- Mantener la calma y seguir las instrucciones del personal designado.
- No obstaculizar pasillos ni salidas de emergencia.
- No retroceder ni regresar a por objetos personales.
- Ayudar a personas con movilidad reducida.
- Esperar instrucciones tras la evacuación y no abandonar el punto de encuentro sin autorización.

Una emergencia puede producirse en cualquier momento y sin previo aviso. Por ello, la preparación previa, la formación periódica y la existencia de protocolos claros y accesibles son las claves para minimizar los daños y garantizar la seguridad de las personas y los productos. En un almacén alimentario, además, el tiempo de respuesta puede ser decisivo para evitar daños irreversibles en la mercancía y proteger la salud del consumidor final.

5. Conocimiento de la Normativa higiénico-alimentaria y manipulación de alimentos

La **higiene alimentaria** constituye un eje vertebrador de toda la operativa en empresas que manipulan productos del mar. La correcta manipulación de alimentos requiere una formación específica, así como la interiorización de prácticas rigurosas en cuanto a higiene personal, limpieza de superficies y control de contaminantes. El cumplimiento de la normativa vigente en esta materia no solo responde a una obligación legal, sino que garantiza la seguridad del consumidor final y la reputación de la empresa. Los productos pesqueros, por su naturaleza perecedera, requieren una vigilancia constante de las condiciones higiénico-sanitarias desde el momento de su recepción hasta su expedición.

5.1. Medidas de higiene personal durante la manipulación

La higiene personal de las personas que manipulan alimentos es uno de los pilares fundamentales para garantizar la **inocuidad de los productos**.

La contaminación de los alimentos puede producirse de forma directa (por contacto con las manos, saliva, cabello, heridas…) o indirecta (a través de superficies, utensilios o ropa sucia). Por ello, es esencial que todo el personal que interviene en la recepción, clasificación, preparación o almacenaje de pescados y mariscos mantenga hábitos higiénicos rigurosos y permanentes.

Todo manipulador de alimentos debe:

- Mantener una higiene corporal y de manos escrupulosa.
- Usar ropa de trabajo limpia, exclusiva del almacén y de fácil limpieza.
- Evitar cualquier conducta que suponga un riesgo de contaminación.
- Conocer y aplicar los procedimientos de lavado y desinfección establecidos.
- Informar de inmediato si presenta síntomas de enfermedad infectocontagiosa (fiebre, vómitos, diarrea, heridas abiertas…).

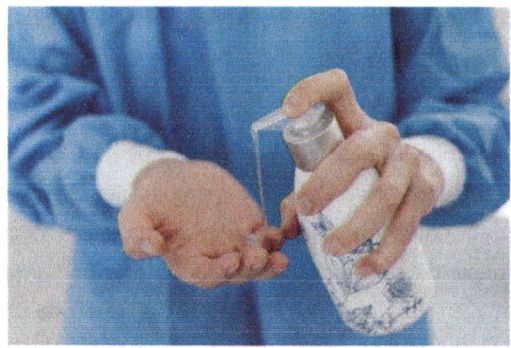

Fig. 18. En el sector pesquero, donde los productos son altamente perecederos y vulnerables a la contaminación microbiológica, las medidas de higiene del personal deben ser estrictas, continuas y basadas en la normativa sanitaria vigente

Anotación

El Reglamento (CE) 852/2004, sobre la higiene de los productos alimenticios, exige que los operadores de empresas alimentarias velen por que el personal que manipule alimentos se mantenga limpio y adecuadamente vestido, y que reciba formación en higiene alimentaria.

A. Higiene de manos: técnica, frecuencia y productos

Las **manos** son el principal vehículo de transmisión de microorganismos. Por tanto, su limpieza debe ser frecuente, sistemática y conforme a una técnica eficaz.

¿Cuándo lavarse las manos?

- Antes de comenzar la jornada o incorporarse al puesto.
- Tras ir al aseo, sonarse, toser o estornudar.
- Después de manipular residuos, cajas sucias o productos no alimentarios.
- Entre tareas diferentes (por ejemplo, tras descargar mercancía y antes de preparar un pedido).
- Tras tocar el cuerpo, el pelo o superficies ajenas al proceso alimentario.

La **técnica** recomendada es:

1. Mojar las manos con agua templada.
2. Aplicar jabón neutro y frotar durante al menos 20 segundos.
3. Prestar atención a uñas, pliegues, entre los dedos y muñecas.
4. Aclarar abundantemente.
5. Secar con papel desechable.
6. Aplicar gel desinfectante si procede.

Contaminación cruzada: transferencia de microorganismos o sustancias indeseadas de un producto, superficie o persona a un alimento, directa o indirectamente.

B. Vestimenta y elementos de protección

La ropa de trabajo debe cumplir funciones tanto higiénicas como de seguridad, y no debe utilizarse fuera del entorno de trabajo.

Algunos de los elementos habituales son:

Prenda o equipo	Función
Bata o mono de trabajo	Evita contaminación desde la ropa personal
Gorro o cofia	Recoge el cabello para evitar su caída sobre el producto
Mascarilla o cubreboca	Impide salivaciones sobre alimentos
Guantes desechables	Uso obligatorio si hay cortes o heridas; deben cambiarse con frecuencia
Calzado antideslizante cerrado	Previene caídas y protege frente a residuos

Ejemplo

En la zona de manipulación de mariscos vivos, los operarios deben usar guantes impermeables, bata lavable, gorro y botas de goma limpias, además de realizar una desinfección de manos tras cada pausa.

Para prevenir cualquier contaminación, el personal debe **evitar completamente** las siguientes prácticas durante el trabajo con alimentos:

- Comer, beber, mascar chicle o fumar.
- Usar perfumes o cremas perfumadas.
- Llevar relojes, pulseras, anillos u otros objetos personales.
- Toser o estornudar sin protección adecuada.
- Tocar el móvil, la cara, el cabello o superficies no higienizadas.
- Manipular alimentos si se presentan síntomas infecciosos.

Algunos aspectos importantes de control y formación del personal son:

- Todo el personal debe recibir formación obligatoria en higiene alimentaria al incorporarse y de forma periódica, tal como exige la normativa.
- Se recomienda realizar controles de salud periódicos (según riesgo laboral y tipo de producto manipulado).
- El responsable de almacén debe supervisar que se cumplan las normas y aplicar correctivos en caso de incumplimiento.
- Las zonas de higiene personal (lavamanos, vestuarios, aseos) deben estar debidamente equipadas, señalizadas y limpias.

La higiene personal durante la manipulación es un requisito indispensable para asegurar la *calidad e inocuidad* de los productos pesqueros. La responsabilidad es tanto individual como colectiva: solo el compromiso diario de todos los trabajadores garantiza que los alimentos lleguen al consumidor en perfectas condiciones higiénico-sanitarias.

5.2. Medidas de higiene personal durante el procesado

Durante el procesado de pescados y mariscos, los riesgos de contaminación alimentaria se incrementan debido a la mayor manipulación directa del producto, al uso de herramientas de corte y a la generación de residuos orgánicos.

Fig. 19. Las medidas de higiene personal en esta fase deben reforzarse para asegurar que el alimento no se vea afectado por contaminantes físicos, químicos o biológicos

La higiene depende del diseño del entorno de trabajo y de la actitud, el comportamiento y los hábitos del personal implicado. Cualquier negligencia en esta etapa puede comprometer la salubridad del alimento, la salud del consumidor y la imagen del establecimiento.

A diferencia de otras fases logísticas, el **procesado** implica contacto directo con el producto en condiciones más críticas:

- Se generan fluidos corporales del animal (sangre, vísceras, escamas).
- Se emplean herramientas que pueden cortar la piel o favorecer el contacto con tejidos contaminados.
- El tiempo y la temperatura son factores decisivos en la seguridad del alimento.
- Se requiere mayor limpieza de superficies, utensilios y manos tras cada operación.

En esta fase, las medidas de higiene personal deben reforzarse y aplicarse con mayor frecuencia, especialmente entre tareas distintas (eviscerado, corte, envasado...).

Las **conductas higiénicas** fundamentales durante el procesado son:

- Lavado de manos antes de comenzar y cada vez que se cambie de tarea, se toquen residuos o se manipule maquinaria no alimentaria.
- Cambio frecuente de guantes desechables, y nunca usarlos como sustituto del lavado de manos.
- Uso exclusivo de ropa de trabajo en buen estado, limpia y sin roturas.
- Mantener las uñas cortas, sin esmalte ni suciedad, y cubrir posibles heridas con apósitos impermeables y guantes.
- Evitar hablar, toser o estornudar directamente sobre el producto o la superficie de trabajo.

Un operario que termina de eviscerar una partida de calamares y pasa a la zona de envasado debe quitarse los guantes utilizados, lavarse las manos y colocarse unos nuevos, limpios, antes de continuar.

Durante la jornada, es responsabilidad tanto del trabajador como del responsable higiénico comprobar que:

- No hay síntomas de enfermedad: fiebre, diarrea, náuseas, heridas infectadas...
- El cabello está completamente recogido dentro de la cofia o gorro.
- Las manos no presentan grietas, cortes o suciedad.
- La ropa y el calzado no están contaminados por residuos visibles o contacto con el suelo.

Vocabulario

Punto crítico de control (PCC): etapa en el proceso en la que se puede aplicar una medida para prevenir, eliminar o reducir un peligro alimentario a niveles aceptables.

Durante el procesado, el personal debe seguir normas estrictas también en el uso de herramientas y mobiliario:

- Utilizar utensilios designados para cada tarea (no usar el mismo cuchillo para pescado limpio y pescado sucio).
- Limpiar y desinfectar los utensilios tras cada uso o cambio de especie.
- No apoyar productos directamente sobre superficies no higienizadas.
- Informar al responsable si se detectan defectos en las instalaciones (grifería, encimeras, escurridores, zonas de desagüe...).

Cada trabajador debe recibir formación específica sobre:

- Buenas prácticas de manipulación en fase de procesado.
- Normativa higiénico-sanitaria aplicable.
- Uso correcto de EPIs y utensilios de trabajo.
- Consecuencias del incumplimiento de las normas: sanciones internas, pérdidas económicas, alertas alimentarias.

La higiene personal durante el procesado no es solo una rutina, sino una muestra de responsabilidad profesional y compromiso con la seguridad alimentaria.

Una manipulación adecuada del pescado en esta fase crítica solo puede garantizarse si el personal mantiene una higiene rigurosa, constante y consciente, aplicando todas las medidas de prevención necesarias. En la industria alimentaria, cada gesto cuenta y cada omisión tiene consecuencias.

5.3. Medidas de higiene personal en el proceso de la conservación y el transporte

El proceso de **conservación y transporte** de productos pesqueros requiere mantener condiciones rigurosas de higiene, tanto en los equipos e instalaciones, como en el comportamiento del personal que participa en estas etapas. Aunque en apariencia el contacto directo con el producto puede ser menor que durante el procesado, la mala praxis o la negligencia higiénica pueden comprometer gravemente la seguridad alimentaria.

Los pescados y mariscos son alimentos de alta sensibilidad microbiológica, y su correcta conservación depende de la temperatura, la limpieza del entorno, la manipulación adecuada de las unidades de carga y el control de contaminantes cruzados. Por eso, el personal implicado debe respetar normas estrictas de higiene personal, ya que cualquier contaminación introducida en esta fase puede mantenerse oculta hasta su consumo final.

Los riesgos higiénicos específicos en conservación y transporte son:

- Contaminación cruzada entre productos crudos y envasados por contacto o goteo.
- Manos sucias o ropa contaminada durante operaciones de carga, descarga o apertura de cámaras.
- Acumulación de condensaciones, escarcha o residuos orgánicos que pueden ser vehículo de microorganismos.
- Presencia de materiales no higiénicos en zonas frías: mantas, palés de madera sin tratamiento, cartones mojados...

 Anotación

La higiene del personal es especialmente crítica durante la apertura o manipulación de cámaras frigoríficas y durante la carga o descarga, donde pueden coincidir personas, productos y residuos si no se gestiona adecuadamente.

Algunas conductas higiénicas necesarias en zonas de conservación son:

- Acceder siempre con ropa de trabajo limpia y exclusiva del área refrigerada.
- Usar guantes térmicos o impermeables para manipular productos o recipientes.
- Evitar tocar directamente los productos frescos o superficies en contacto con ellos sin protección adecuada.
- No introducir objetos personales, alimentos, móviles ni documentación sobre los productos.
- Mantener cambios de guantes frecuentes si se ha tocado el suelo, las paredes o superficies no higienizadas.
- No sentarse ni apoyarse sobre los contenedores de producto.

Ejemplo

Un operario que transporta cajas de bacalao congelado a la cámara debe revisar que la ropa térmica está seca y limpia, usar guantes de protección y evitar tocar el interior de las cajas sin cambio de guantes o desinfección previa de manos.

Durante el transporte interno (dentro del almacén) o externo (hacia el cliente o centro de distribución), el personal debe:

- Cargar los productos sin arrastrarlos ni apoyarlos sobre superficies contaminadas.
- Usar EPIs en buen estado: guantes, gorro, calzado antideslizante y ropa térmica si procede.
- Garantizar que las puertas de los vehículos o cámaras se abren el mínimo tiempo necesario para mantener la temperatura.
- Evitar la entrada de personas no autorizadas a las zonas de carga o cámaras.
- Revisar la limpieza de los medios de transporte antes y después de cada uso.

Vocabulario

Contaminación indirecta: transmisión de agentes contaminantes al alimento a través de superficies, utensilios, envases o manos que no han sido correctamente higienizados.

Para el control de la temperatura y conducta en ambientes fríos se debe:

- Usar prendas térmicas de uso exclusivo para cámaras o vehículos refrigerados.
- Secar el calzado antes de acceder a zonas con hielo o condensación.
- Mantener la higiene personal, aunque la sensación de frío reduzca la sudoración.
- No permanecer innecesariamente en la cámara: planificar la entrada con antelación.
- No almacenar EPIs o ropa sucia dentro de las zonas de conservación.

Ejemplo

Tras descargar una partida de marisco, el conductor de la furgoneta refrigerada debe comprobar que no quedan restos orgánicos ni agua en el suelo del vehículo y registrar la temperatura interior, evitando volver a utilizar los guantes si han estado en contacto con el exterior.

Con respecto a la **supervisión y responsabilidad** del personal:

- Todo trabajador debe asumir su responsabilidad en el mantenimiento de la higiene incluso si no manipula directamente el alimento.
- Los responsables de almacén o expedición deben establecer controles visuales periódicos y registros de limpieza.
- La formación en buenas prácticas de higiene debe incluir también estas fases "intermedias", muchas veces olvidadas en los protocolos internos.

Fig. 20. La profesionalidad del operario marca la diferencia entre un producto que cumple y uno que debe ser rechazado por riesgo sanitario

6. Identificación de los requisitos higiénicos generales de instalaciones y equipos

Las instalaciones y equipos utilizados en un almacén destinado a productos alimentarios deben cumplir con requisitos higiénicos estrictos para evitar la proliferación de microorganismos, contaminaciones cruzadas y deterioros de los productos. Estos requisitos afectan tanto al diseño de las superficies de trabajo, como a los procedimientos de limpieza y desinfección. El orden, la limpieza y el mantenimiento periódico son pilares esenciales que garantizan un entorno de trabajo seguro, funcional y conforme a los estándares sanitarios. En este contexto, el conocimiento de los niveles de limpieza y la selección de productos adecuados resulta imprescindible para garantizar la eficacia de los procesos.

6.1. Orden y limpieza de equipos e instalaciones

El **orden y la limpieza** de las instalaciones y equipos son condiciones esenciales para asegurar un entorno higiénico, seguro y funcional en cualquier almacén, y especialmente en aquellos que gestionan productos de origen marino. Mantener un espacio de trabajo limpio reduce el riesgo de contaminación microbiológica, química o física, y previene accidentes laborales, facilita las operaciones diarias y mejora la eficiencia logística.

La **higiene de las instalaciones** debe abordarse de forma sistemática y planificada, integrando tanto la limpieza física (retirada de suciedad visible) como la desinfección (eliminación de microorganismos), con un enfoque preventivo. Además, el orden operativo, es decir, la correcta ubicación y mantenimiento de los materiales, equipos y productos, es clave para evitar errores, desperdicios y riesgos.

El orden no implica únicamente tener un espacio visualmente despejado, sino que forma parte de una estrategia de seguridad alimentaria y organizativa. Algunos **principios** clave son:

- Establecer zonas delimitadas para cada función: recepción, almacenamiento, manipulación, residuos, etc.
- Asignar ubicaciones fijas para herramientas, utensilios y EPIs, evitando desplazamientos innecesarios.
- Etiquetar y señalizar claramente cada espacio, equipo y contenedor.
- Garantizar que los pasillos estén libres de obstáculos y que las salidas de emergencia sean accesibles.
- Aplicar el principio de "un sitio para cada cosa y cada cosa en su sitio".

 Anotación

El desorden puede provocar no solo riesgos de tropiezos o caídas, sino también contaminación cruzada entre productos crudos, limpios y contaminantes (como residuos o materiales de limpieza).

Todos los **equipos** en contacto directo o indirecto con los productos (mesas, cuchillos, contenedores, básculas, estanterías, cámaras...) deben ser:

- Fácilmente desmontables o accesibles para su limpieza.
- Fabricados con materiales resistentes al agua, detergentes y desinfectantes.

- Inspeccionados visualmente antes y después del uso.

Algunas recomendaciones básicas son:

- Limpiar después de cada turno o cada uso, según el tipo de equipo.
- Eliminar restos visibles (escamas, vísceras, agua) con medios mecánicos o agua a presión.
- Aplicar productos de limpieza adecuados, siguiendo dosis, tiempos de contacto y temperatura recomendados.
- Aclarar siempre con agua potable tras la desinfección.
- Dejar secar al aire o con papel de un solo uso.

Vocabulario

- **Limpieza física:** eliminación de residuos sólidos y suciedad visible.
- **Desinfección:** eliminación o reducción significativa de microorganismos patógenos mediante productos o métodos específicos.

Estas zonas, aunque no entren en contacto directo con los alimentos, pueden ser focos de contaminación si no se mantienen limpias.

Algunas **buenas prácticas** son:

- Establecer un plan de limpieza y desinfección documentado, con frecuencia, responsables y productos asignados.
- Usar equipos de limpieza específicos por zona (por ejemplo, diferente escoba para zonas secas y húmedas).
- Mantener rejillas y desagües limpios y sin obstrucciones.

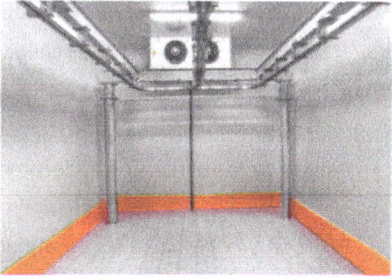

Fig. 21. Las instalaciones incluyen todas las superficies no móviles del almacén: suelos, paredes, techos, desagües, cámaras frigoríficas, puertas, luminarias, etc.

- Aplicar limpieza profunda semanal en zonas de difícil acceso.
- Controlar que no haya acumulaciones de hielo o condensaciones, especialmente en cámaras.

Las herramientas deben cumplir los mismos criterios higiénicos que los equipos de procesado:

Herramienta	Uso recomendado
Escobas de cerdas sintéticas	Barrido de zonas secas
Fregonas y mopas	Limpieza de suelos húmedos
Rascadores	Eliminación de suciedad adherida
Cepillos de mano	Limpieza de utensilios y juntas
Cubos codificados por colores	Evitar contaminación entre zonas
Pulverizadores o espumadores	Aplicación de detergentes y desinfectantes

Ejemplo

En una zona de manipulación de pescado fresco, se utiliza un código de colores: cepillos azules para superficies alimentarias, rojos para baños y amarillos para zonas exteriores.

Con respecto al **control y registro**:

- Cada limpieza debe registrarse mediante una ficha o aplicación, indicando fecha, zona, responsable y producto utilizado.
- El responsable de calidad o higiene debe realizar inspecciones visuales y microbiológicas periódicas.
- Se deben almacenar correctamente los productos de limpieza, en zonas alejadas de los alimentos y claramente señalizadas.

El orden y la limpieza en un almacén alimentario no son tareas auxiliares: forman parte del sistema de calidad, prevención de riesgos y cumplimiento normativo. La implicación del personal, la planificación adecuada y el seguimiento riguroso son indispensables para garantizar un entorno seguro, higiénico y eficiente.

6.2. Niveles de limpieza: Limpieza física, química, microbiológica

La **limpieza** en un entorno alimentario no es una acción única ni homogénea, sino un proceso escalonado y sistemático que actúa a diferentes niveles para eliminar tanto la suciedad visible como los residuos químicos y los microorganismos patógenos. Entender estos niveles de limpieza permite aplicar correctamente los procedimientos y productos adecuados en cada fase del mantenimiento higiénico de un almacén de productos pesqueros.

Los tres niveles reconocidos de limpieza son: física, química y microbiológica. Cada uno responde a un tipo específico de suciedad y exige herramientas y protocolos distintos para alcanzar el nivel de higiene requerido.

A. Limpieza física: eliminar la suciedad visible

La **limpieza física** es el primer nivel y consiste en eliminar residuos sólidos, restos orgánicos, tierra, polvo, líquidos o grasa visible que se acumulan sobre las superficies, equipos, suelos o utensilios.

Vocabulario

Limpieza física: eliminación de suciedad visible sin el uso de productos químicos, utilizando acción mecánica o agua.

Se realiza mediante acciones **mecánicas o manuales** como:

- Barrido.
- Rascado.
- Fregado.
- Enjuague con agua a presión.

Tras la clasificación de una partida de merluza, se limpia la mesa de trabajo para retirar escamas, sangre y restos de hielo mediante un rascador y agua caliente a presión.

El objetivo es obtener una superficie limpia a simple vista, pero no necesariamente desinfectada.

B. Limpieza química: disolver residuos invisibles

La limpieza química actúa sobre residuos no visibles a simple vista, como grasas adheridas, proteínas coagulas, biofilms o restos de productos que no se eliminan solo con agua. Para ello, se utilizan detergentes específicos que disuelven estos compuestos y preparan la superficie para la desinfección.

Los tipos de detergentes más utilizados son:

Tipo	Función	Aplicación
Alcalinos	Disuelven grasas, proteínas.	Cámaras, utensilios, superficies con restos orgánicos.
Ácidos	Eliminan sales y minerales.	Equipos en contacto con agua dura o cal.
Neutros	Limpieza suave, sin corrosión.	Superficies delicadas o de limpieza frecuente.

Algunas recomendaciones son:

- Aplicar el detergente siguiendo la dilución y tiempo de contacto indicados por el fabricante.
- Utilizar agua caliente si es compatible con el producto.
- Aclarar abundantemente después del uso para evitar contaminaciones químicas.

Anotación

No todos los detergentes eliminan microorganismos: su función principal es romper las barreras que impiden que los desinfectantes actúen eficazmente.

C. Limpieza microbiológica: desinfección profunda

El **tercer nivel de limpieza, microbiológico,** consiste en la reducción o eliminación de microorganismos patógenos que pueden sobrevivir incluso en superficies aparentemente limpias. Para ello se emplean desinfectantes químicos o procedimientos térmicos, y en algunos casos controles microbiológicos para validar los resultados.

Los desinfectantes habituales son:

Tipo	Usos	Observaciones
Amonios cuaternarios.	Superficies generales.	Eficaces contra bacterias, de acción residual.
Cloro activo..	Equipos y utensilios.	Requiere enjuague posterior; corrosivo si se abusa..
Peróxidos o ácido peracético	Cámaras, superficies frías.	Muy eficaces a baja temperatura, de amplio espectro.

Algunos métodos complementarios son:

- **Vapor a alta presión**: ideal para utensilios y zonas difíciles.
- **Radiación UV** (en cámaras o conductos).
- **Controles de ATP** o análisis microbiológicos periódicos.

Ejemplo

Después de limpiar una zona de manipulación de mariscos, se aplica un desinfectante con amonios cuaternarios mediante un pulverizador, se deja actuar 10 minutos y se enjuaga con agua potable.

La limpieza efectiva debe respetar el siguiente orden:

1. **Limpieza física**: eliminación de residuos visibles.
2. **Limpieza química**: aplicación de detergentes.
3. **Desinfección**: aplicación de productos biocidas o métodos térmicos.
4. **Aclarado y secado** (si procede).

Este procedimiento debe formar parte de un **plan de limpieza y desinfección (PLD)** documentado, validado y adaptado a las características del almacén y del producto.

Fig. 22. Una limpieza eficaz no es cuestión de apariencia, sino de prevención, control y garantía sanitaria

En un entorno tan delicado como el almacén de pescados y mariscos, aplicar correctamente los tres niveles de limpieza es esencial para proteger la salud pública, cumplir la normativa vigente y evitar rechazos comerciales o alertas alimentarias.

6.3. Procesos y productos de limpieza, desinfección, esterilización, desinsectación, desratización

En el entorno del almacenamiento y manipulación de pescados y mariscos, donde existe un riesgo elevado de contaminación microbiológica y presencia de plagas, resulta imprescindible aplicar de forma coordinada una serie de procesos de higiene avanzada. Cada uno de estos procesos (limpieza, desinfección, esterilización, desinsectación y desratización) tiene objetivos y técnicas específicos, pero todos ellos contribuyen a garantizar un entorno seguro, higiénico y conforme a la normativa sanitaria.

Los **restos orgánicos** como vísceras, escamas o exudados de marisco deben eliminarse rápidamente para evitar malos olores, proliferación bacteriana o atracción de insectos y roedores. La limpieza diaria de bandejas, superficies y equipos debe realizarse con productos autorizados que respeten las normativas sanitarias y que sean eficaces contra la flora bacteriana habitual en ambientes húmedos y ricos en proteínas, como Listeria *monocytogenes*. Se recomienda alternar productos desinfectantes y detergentes en turnos rotatorios para evitar resistencias microbiológicas.

Se expone un ejemplo de cuáles pueden ser las consecuencias de una limpieza deficiente en un almacén pesquero:

En un almacén dedicado al almacenamiento y preparación de pescado y marisco fresco, el equipo de tarde omite la limpieza final de la jornada en la zona de despiece. Sobre las mesas de trabajo quedan restos de escamas, vísceras y exudado de gambas, así como varias cajas apiladas sin vaciar ni enjuagar. Tampoco se ha fregado el suelo con desinfectante, como exige el protocolo interno, y no se han aplicado los productos rotatorios previstos para el día (cloraminas).

A la mañana siguiente, los trabajadores encuentran un fuerte olor a amoníaco y putrefacción, y observan pequeños insectos cerca del desagüe. El responsable sanitario detecta además zonas de *biofilm* en las juntas de una mesa de acero, y recomienda detener la actividad hasta realizar una desinfección intensiva.

Tras el análisis microbiológico, se detecta la presencia de *Listeria monocytogenes* en una muestra recogida de una bandeja reutilizada sin lavar. El incidente obliga a paralizar una expedición de 400 kilos de pescado ya embalado, realizar una retirada preventiva de lotes, y emitir un informe a las autoridades sanitarias.

Estos procedimientos deben estar integrados en un **Plan de Higiene o de Autocontrol**, documentado y adaptado a las características y riesgos concretos del almacén.

A. Limpieza: primer paso imprescindible

La **limpieza** es la acción previa a cualquier tratamiento higiénico. Como ya se ha expuesto en el epígrafe anterior, su objetivo es eliminar residuos sólidos y suciedad visible, permitiendo que los desinfectantes actúen eficazmente.

- Se utiliza agua potable a presión, cepillos, rascadores y detergentes (alcalinos, ácidos o neutros según el tipo de suciedad).
- Se recomienda siempre aclarado final con agua limpia para evitar restos de químicos.

B. Desinfección: eliminación de microorganismos

La **desinfección** tiene como objetivo reducir la carga microbiana a niveles seguros, aplicando productos biocidas sobre superficies, utensilios o incluso ambientes.

Los productos desinfectantes más comunes son los siguientes:

Principio activo	Ventajas	Aplicación
Amonios cuaternarios.	Eficaces y estables.	Superficies generales.
Cloro (lejía).	Económico y rápido.	Utensilios, suelos (requiere enjuague).
Ácido peracético.	No deja residuos, muy eficaz.	Cámaras, atmósferas frías.
Etanol/isopropanol.	Evaporación rápida.	Superficies delicadas, balanzas, sensores.

 Anotación

Los desinfectantes deben estar registrados como productos autorizados para uso alimentario, y aplicarse respetando el tiempo de contacto y la dosis indicada.

C. Esterilización: máxima eliminación microbiana

La **esterilización** no suele aplicarse de forma rutinaria en almacenes, pero puede ser necesaria en utensilios reutilizables o en entornos con productos especialmente sensibles.

Los métodos posibles son:
- **Calor húmedo** (autoclave).
- **Calor seco** (hornos específicos).
- **Radiación ultravioleta** (zonas cerradas, conductos, envases).
- **Vapor a presión** (para superficies o útiles resistentes).

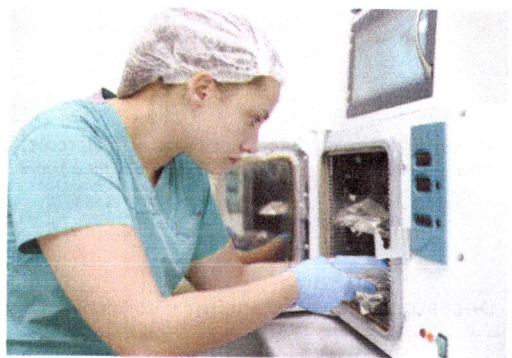

Fig. 23. El objetivo de la esterilización es la eliminación total de todo tipo de microorganismos, incluyendo esporas

Vocabulario

Esterilización: proceso físico o químico que destruye completamente toda forma de vida microbiana, incluidas las esporas.

D. Desinsectación: control de insectos

La presencia de **insectos** como moscas, cucarachas o escarabajos del pescado representa un grave riesgo de contaminación física y biológica. La desinsectación incluye medidas preventivas, barreras físicas y tratamientos químicos o biológicos.

Algunas **medidas** básicas son:

- Mosquiteras y burletes en puertas y ventanas.
- Lámparas UV atrapainsectos en puntos estratégicos.
- Trampas adhesivas y cebos monitorizados.
- Aplicación de insecticidas autorizados por empresa especializada y fuera de horarios productivos.

En una zona de carga donde se detectó presencia de dípteros, se instala una lámpara UV junto a la puerta y se realiza una desinsectación química mensual preventiva.

E. Desratización: prevención y control de roedores

Los **roedores** pueden introducir patógenos, dañar envases, destruir mercancía y contaminar de forma invisible el entorno. El plan de **desratización** debe ser continuo y documentado, incluyendo inspecciones periódicas y controles físicos.

Los **métodos** utilizados son:

- Cebaderos rodenticidas cerrados (preferentemente fuera del almacén).
- Trampas de captura viva o muerte mecánica.
- Barreras físicas: rejillas en desagües, sellado de huecos, tapas herméticas.
- Limpieza de residuos, cartones, zonas húmedas o mal ventiladas que sirvan de refugio.

Anotación

La desratización debe ser realizada por empresas homologadas, y no se deben aplicar rodenticidas en zonas de manipulación o conservación directa del producto.

Todos estos procesos deben estar recogidos en un **plan higiénico-sanitario estructurado**, que contemple:

- Frecuencia de limpieza, desinfección, control de plagas.
- Responsables asignados.
- Productos utilizados (fichas técnicas y de seguridad).
- Métodos de aplicación y medidas preventivas.

- Registros firmados tras cada intervención.

Proceso	Frecuencia mínima recomendada	Responsable
Limpieza física	Diaria o tras cada turno	Personal de almacén
Desinfección	Diaria o tras contaminación	Personal formado
Desinsectación	Mensual o según incidencia	Empresa externa
Desratización	Trimestral o según riesgo	Empresa externa
Esterilización	Puntual	Personal cualificado

Una higiene eficaz no termina en la limpieza visible. La combinación de procesos especializados garantiza que las instalaciones cumplan con los más altos estándares de seguridad alimentaria y prevención de riesgos, especialmente en el sector pesquero, donde el deterioro puede ser rápido e invisible. Cada operario, cada herramienta y cada metro cuadrado del almacén forma parte del compromiso colectivo con la salubridad, el cumplimiento normativo y la calidad final del producto.

6.4. Fases y secuencias de operaciones

En cualquier plan de higiene profesional, especialmente en instalaciones donde se almacenan y manipulan productos pesqueros, la limpieza y la desinfección deben llevarse a cabo mediante una secuencia ordenada y validada de operaciones. Saltarse o alterar esta secuencia puede reducir la efectividad de los productos aplicados, permitir la persistencia de microorganismos o incluso provocar contaminaciones cruzadas.

El cumplimiento riguroso de cada **fase del proceso** garantiza la eficacia higiénica y el aprovechamiento óptimo de recursos, como el agua, los productos químicos y el tiempo de trabajo.

A continuación, se presenta la **secuencia ideal de operaciones** en un ciclo completo de limpieza y desinfección en un almacén alimentario:

1. **Retirada de residuos sólidos:**
   o Eliminación manual o mecánica de restos grandes (hielo, escamas, vísceras, cajas deterioradas, etc.).

- o Uso de cepillos, rascadores o recogedores.
- o Objetivo: evitar que los residuos interfieran en las siguientes fases.

2. **Enjuague o prelavado con agua:**
   - o Aplicación de agua potable a presión media o alta.
   - o Reblandece la suciedad adherida y facilita la acción del detergente.
   - o Temperatura adecuada: 35–45 °C (evitar agua excesivamente caliente que fije proteínas).

3. **Aplicación del detergente:**
   - o Selección del producto según el tipo de suciedad (alcalino, ácido o neutro).
   - o Aplicación con esponja, cepillo, pulverizador o espumador.
   - o Se debe respetar el tiempo de contacto recomendado por el fabricante.

4. **Fregado o acción mecánica:**
   - o Reforzar la acción química del detergente mediante cepillado manual o máquina.
   - o Especial atención a zonas de difícil acceso, juntas, esquinas, ruedas, desagües.

5. **Aclarado intermedio:**
   - o Retirar completamente el detergente y la suciedad disuelta.
   - o Se debe usar agua potable y en abundancia, asegurando que no queden residuos químicos.

6. **Aplicación del desinfectante:**
   - o Uso de un desinfectante autorizado, compatible con la superficie y el entorno alimentario.
   - o Respetar el tiempo de actuación mínimo para garantizar eficacia microbiológica.

7. **Aclarado final (si es necesario):**
   o Algunos desinfectantes alimentarios requieren aclarado con agua potable (por ejemplo, el cloro).
   o Otros, como el ácido peracético, pueden dejarse actuar sin enjuague posterior.

8. **Secado (natural o forzado):**
   o Dejar secar al aire o con ayuda de papel desechable.
   o En cámaras o zonas frías, evitar acumulaciones de humedad para prevenir la proliferación de mohos o bacterias psicrófilas.

Vocabulario

Tiempo de contacto: periodo durante el cual el detergente o desinfectante debe permanecer sobre la superficie para ejercer su acción de forma eficaz.

Fig. 24. En el almacenamiento de productos pesqueros, donde el deterioro microbiológico puede desarrollarse en pocas horas, esta secuencia de limpieza y desinfección es una condición indispensable para el cumplimiento higiénico-sanitario

Se expone una tabla resumen de la secuencia:

Fase	Acción	Producto / Recurso	Observaciones
1	Retirada de residuos	Manual / mecánico	Paso previo obligatorio
2	Enjuague inicial	Agua potable	A presión moderada
3	Detergencia	Detergente	Según tipo de suciedad
4	Fregado	Cepillo, esponja	Aumenta eficacia
5	Aclarado	Agua potable	Retira detergente
6	Desinfección	Biocida autorizado	Tiempo de actuación
7	Aclarado final	Agua potable	Solo si es necesario
8	Secado	Aire o papel	Evitar recontaminación

Algunas consideraciones especiales son las siguientes:

- **Zonificación de la limpieza**: limpiar siempre de zonas limpias a zonas sucias, y de arriba hacia abajo.
- **Equipos eléctricos o sensibles:** deben protegerse o limpiarse en seco si no son impermeables.
- Las **zonas compartidas (como cámaras):** deben limpiarse tras cada uso por distinto tipo de producto.
- En **superficies en contacto directo** con alimentos: se debe validar la desinfección con controles microbiológicos periódicos.

Ejemplo

En una cámara frigorífica que ha almacenado merluza eviscerada, la limpieza comienza con la retirada de escamas del suelo, luego el enjuague con agua templada, aplicación de detergente alcalino, cepillado de estanterías, aclarado, desinfección con amonios cuaternarios y secado por ventilación antes de su siguiente uso.

El respeto riguroso a las fases y secuencias de limpieza y desinfección asegura que cada acción refuerce la anterior y garantice un entorno controlado, eficiente y seguro.

6.5. Soluciones de limpieza: propiedades, utilidad, incompatibilidades, precauciones

Las **soluciones** de limpieza y desinfección son productos químicos diseñados para eliminar suciedad, restos orgánicos, grasas, minerales o microorganismos presentes en instalaciones, utensilios y superficies.

Para que su aplicación sea segura y eficaz, es imprescindible conocer sus propiedades, usos específicos, posibles incompatibilidades y las precauciones que deben adoptarse en su manejo.

Fig. 25. Es fundamental contar con formación adecuada y protocolos normalizados de aplicación y almacenamiento

Un uso **incorrecto** de estas soluciones puede generar efectos contraproducentes: ineficacia higiénica, corrosión de equipos, riesgo de intoxicaciones o generación de vapores tóxicos.

Cada solución presenta propiedades fisicoquímicas que determinan su función, modo de uso y aplicación. Algunas características esenciales son:

Propiedad	Descripción
pH	Ácido, neutro o alcalino, determina su acción sobre la suciedad y su compatibilidad con superficies.
Tensioactividad	Capacidad de disolver grasas y suciedad gracias a la reducción de la tensión superficial.
Solubilidad en agua	Permite su dilución, aplicación y aclarado fácil.
Estabilidad	Tiempo durante el cual conserva su efectividad una vez preparado.
Biodegradabilidad	Grado en que se degrada sin causar impacto ambiental.

Vocabulario

Tensioactivo: compuesto que permite emulsionar grasas con agua, facilitando la limpieza.

Las soluciones se seleccionan en función del tipo de suciedad, la zona a tratar y la fase del proceso. Pueden clasificarse según su función principal:

1. **Detergentes:**
   o **Alcalinos**: eliminan grasas y proteínas (útiles en zonas de manipulación de pescado).
   o **Ácidos**: eliminan sales, cal y óxidos metálicos (ideales en zonas con agua dura).
   o **Neutros**: limpieza general sin corrosión (para uso frecuente o superficies delicadas).

2. **Desinfectantes:**
   o **Clorados (lejía)**: de amplio espectro, pero corrosivos y volátiles.
   o **Amonios cuaternarios**: buena acción residual y menos agresivos.
   o **Peróxidos o ácido peracético**: muy eficaces en frío, sin residuos tóxicos.

3. **Desengrasantes industriales:** Formulados para zonas de maquinaria o suelos muy contaminados.

4. **Limpiadores enzimáticos:** Disuelven residuos orgánicos complejos con acción natural, ideales en entornos delicados.

Ejemplo

Para limpiar un túnel de congelación con acumulación de escarcha y restos proteicos, se puede usar primero un detergente alcalino espumante y luego desinfectar con ácido peracético por su eficacia en frío.

El **mezclar productos** de forma inadecuada puede provocar reacciones químicas peligrosas, pérdida de eficacia o daños materiales. Algunas incompatibilidades comunes son:

Producto 1	Producto 2	Riesgo
Hipoclorito sódico (lejía).	Ácido (ej. vinagre, ácido clorhídrico).	Emisión de gas cloro tóxico.
Amonios cuaternarios.	Jabones aniónicos.	Inactivación mutua.
Peróxidos y cloro.	Superficies metálicas no protegidas.	Corrosión.
Limpiadores ácidos.	Superficies de aluminio.	Daño irreversible.

Nunca deben mezclarse productos sin haber consultado previamente la **ficha técnica y la ficha de seguridad (FDS)** de ambos. Las incompatibilidades pueden no ser evidentes a simple vista.

Para garantizar un uso seguro, eficaz y conforme a la normativa, deben seguirse las siguientes **precauciones**:

- Leer siempre la etiqueta y la ficha de seguridad antes de usar el producto.
- Usar equipos de protección individual (EPIs) adecuados: guantes, gafas, mascarilla si se requieren.
- Preparar diluciones solo en las zonas habilitadas, siguiendo las proporciones exactas indicadas.
- No reutilizar envases ni trasvasar productos sin etiquetado.
- Aplicar los productos en el orden correcto y con los tiempos de contacto indicados.
- Ventilar bien las zonas tratadas y evitar la exposición prolongada.

Anotación

El uso de productos de limpieza sin formación previa puede derivar en sanciones laborales, accidentes graves o la inutilización de mercancía por contaminación química.

El almacenamiento inadecuado de productos químicos puede convertir una zona de higiene en un punto de riesgo. Para **evitarlo**:

- Guardar los productos en zonas separadas de los alimentos, claramente señalizadas.
- Mantenerlos en sus envases originales y con etiquetas legibles.
- Separar ácidos de bases y desinfectantes de productos orgánicos.
- Controlar la temperatura y humedad del almacén.
- Establecer un sistema de rotación de productos (primero en entrar, primero en salir) y control de caducidades.

6.6. Desinfección y esterilización. Desinfectantes químicos, tratamientos térmicos

En las instalaciones donde se manipulan productos del mar, mantener una higiene microbiológica rigurosa es esencial para evitar contaminaciones, deterioro del producto y riesgos sanitarios. La desinfección y la esterilización son procesos complementarios destinados a reducir o eliminar la carga microbiana en superficies, utensilios y ambientes. Ambos deben ser aplicados según protocolos validados y con conocimiento de los métodos y productos disponibles, así como de sus limitaciones.

La principal diferencia entre ambos procesos radica en el nivel de eliminación microbiana: la desinfección reduce los microorganismos patógenos hasta niveles seguros, mientras que la esterilización los elimina completamente, incluyendo esporas resistentes.

A. Desinfección: eliminación de microorganismos patógenos

La **desinfección** se realiza habitualmente de forma química o térmica, y su aplicación se centra en superficies de trabajo, utensilios, equipos y espacios comunes del almacén.

- **Desinfectantes químicos:** Son sustancias que inactivan o destruyen microorganismos en materiales inertes. Deben ser autorizadas para uso en la industria alimentaria (registradas como biocidas en el ámbito de la UE) y aplicadas siguiendo las instrucciones del fabricante.

Tipo de desinfectante	Modo de acción	Ventajas	Inconvenientes
Cloro (hipoclorito sódico).	Oxidante potente.	Económico, rápido.	Corrosivo, volátil, requiere aclarado.
Amonios cuaternarios.	Disruptor de membranas.	Acción residual, poco corrosivo.	Inactivación por materia orgánica.
Ácido peracético.	Oxidación celular.	Muy eficaz en frío, no deja residuos.	Olor fuerte, irritante.
Alcoholes (etanol/isopropanol).	Desnaturaliza proteínas.	Rápido, se evapora.	No útil en superficies sucias.
Compuestos fenólicos.	Alteración enzimática.	Larga duración.	Tóxicos en contacto alimentario.

Ejemplo

En una cámara frigorífica tras retirar cajas de pescado fresco, se aplica una solución de ácido peracético pulverizada a baja temperatura y se deja actuar sin aclarado.

No todos los productos de limpieza son desinfectantes. Solo aquellos registrados como biocidas y con acción antimicrobiana demostrada deben utilizarse con fines desinfectantes.

- **Desinfección térmica:** Se basa en el uso de temperatura elevada para destruir microorganismos. Aunque menos frecuente en grandes superficies, es muy útil en utensilios, herramientas desmontables o materiales resistentes al calor.

Los métodos térmicos comunes son:
  - **Agua caliente (>80 °C):** para cubetas, bandejas o cuchillos. Se requiere contacto mínimo de 2 minutos.
  - **Vapor a presión (autoclave):** en entornos especializados o laboratorios.

o **Lavadoras industriales con ciclos térmicos:** aplicadas en útiles de trabajo.

Desinfección térmica: proceso de eliminación de microorganismos mediante calor, sin adición de productos químicos.

B. Esterilización: eliminación total de microorganismos

La esterilización va un paso más allá de la desinfección. Su objetivo es **destruir** toda forma de vida microbiana, incluidas esporas bacterianas altamente resistentes. En entornos alimentarios, se reserva para materiales de contacto directo prolongado con alimentos o en contextos de alta sensibilidad sanitaria.

Los métodos más habituales son:

Método	Aplicación	Observaciones
Autoclave (vapor a alta presión).	Utensilios, envases reutilizables.	121 ºC durante 15-20 minutos.
Calor seco (horno de esterilización).	Material metálico o de vidrio.	Más lento que el vapor.
Radiación UV.	Cámaras de aire, superficies planas.	No penetra superficies ni objetos.
Esterilización química en frío.	Con glutaraldehído o ácido peracético.	Solo en situaciones específicas, controladas.

 Anotación

La esterilización no se aplica sobre superficies estructurales del almacén, sino sobre objetos concretos que requieren una asepsia total. Su uso debe justificarse y documentarse.

Varios **factores** pueden aumentar o reducir la eficacia del proceso higiénico:

- **Presencia de materia orgánica**: puede inactivar productos desinfectantes.
- **pH y temperatura**: algunos productos requieren condiciones óptimas para actuar.
- **Tiempo de contacto**: acortar la exposición reduce drásticamente la eficacia.
- **Compatibilidad con materiales**: algunos compuestos deterioran plásticos, cauchos o acero.

Todo procedimiento debe formar parte de un **Plan de Higiene documentado**, que incluya:

- Zonificación de las áreas a desinfectar.
- Frecuencia y responsable de cada aplicación.
- Registro del producto utilizado (nombre comercial, número de lote, concentración).
- Indicaciones sobre enjuague y tiempo de reentrada a la zona.

Tipo de zona	Desinfección	Frecuencia	Producto sugerido
Cámaras frías.	Química (ácido peracético).	Diaria o tras uso.	Espuma o pulverización.
Superficies de manipulación.	Química + térmica ocasional.	Después de cada lote.	Amonios cuaternarios + agua caliente.
Herramientas.	Térmica o inmersión química.	Cada uso.	Agua a 85 ºC o solución de cloro diluido.

Fig. 26. Es clave mantener la seguridad alimentaria para evitar brotes de contaminación

La industria pesquera, por la alta carga microbiana natural de sus productos, exige especial rigor y trazabilidad en cada acción higiénica, con productos adecuados, personal formado y seguimiento constante.

6.7. Sistemas y equipos de limpieza

La eficacia de los procesos de limpieza en instalaciones alimentarias no depende solo de los productos utilizados, sino también de los sistemas y equipos aplicados en su ejecución. Un almacén de pescados y mariscos, por sus características de humedad, bajas temperaturas y residuos orgánicos, requiere equipos adecuados que faciliten una limpieza eficaz, rápida y segura.

Los **sistemas de limpieza** pueden ser manuales, semiautomáticos o completamente automatizados, y deben adaptarse al tipo de superficie, zona o instalación, teniendo en cuenta factores como la accesibilidad, la resistencia de los materiales y el riesgo de contaminación cruzada.

A continuación, se presentan los sistemas más habituales en el entorno de trabajo alimentario, clasificados según su grado de mecanización:

1. **Sistemas manuales:**
   - o Son los más simples y económicos.
   - o Requieren intervención directa del operario.
   - o Útiles en espacios pequeños, zonas de difícil acceso o limpiezas puntuales.

   Algunos ejemplos son:
   - Cepillos, escobas, rascadores.
   - Cubos, mopas y esponjas.
   - Paños desechables.

Tras recibir una partida de pescado en cajas de plástico retornables, un operario utiliza un cepillo manual con detergente alcalino para limpiar los restos adheridos antes de su desinfección.

2. **Sistemas semiautomáticos:**

   ○ Combinan productos de limpieza con equipos mecánicos que aumentan la eficiencia.

   ○ Requieren menor esfuerzo físico y reducen el tiempo de limpieza.

   Ejemplos son:

   ○ **Máquinas fregadoras industriales** (manuales o autopropulsadas).

   ○ **Equipos de agua a presión**: para paredes, rincones y elementos estructurales.

   ○ **Pulverizadores y espumadores**: permiten distribuir de forma homogénea los detergentes y desinfectantes.

Fig. 27. Las máquinas fregadoras son imprescindibles para suelos lisos y amplios

Tipo de equipo	Uso habitual	Ventajas
Agua a presión.	Suelos, desagües, paredes.	Arrastra residuos sin contacto físico.
Espumador.	Superficies verticales o irregulares.	Adhesión prolongada del producto.
Fregadora.	Pasillos, cámaras, zonas de tránsito.	Eficiencia y uniformidad de limpieza.

Espumador: dispositivo que mezcla aire, agua y detergente para crear una espuma que se adhiere a las superficies durante más tiempo, aumentando la eficacia de limpieza y desinfección.

3. **Sistemas automáticos o integrados (CIP, NEP):**
   o Usados especialmente en la industria alimentaria procesada, menos frecuentes en almacenes básicos, pero presentes en cámaras o depósitos técnicos.
   o Permiten limpieza interior de circuitos cerrados sin desmontar los equipos.

   - **CIP (*Cleaning in Place*):**
     o Limpieza interna automática de tuberías, cámaras isotérmicas, tanques o lavadoras.
     o Ciclos programados con control de temperatura, tiempo, caudal y productos aplicados.

   - Las ventajas son:
     o Eliminación de errores humanos.
     o Reducción del consumo de agua y químicos.
     o Mejora de la trazabilidad e higiene.

Además de los sistemas anteriores, es importante contar con herramientas y elementos auxiliares:

- **Carros de limpieza** con bandejas separadas para productos, paños, guantes y utensilios.
- **Dosificadores automáticos**, para controlar la proporción de productos químicos y evitar sobreconcentraciones.
- **Lámparas UV** en zonas de conservación o cámaras de aire, como refuerzo de higiene ambiental.

- **Secadores de aire caliente** o ventiladores para favorecer el secado en zonas húmedas.

Anotación

La elección del equipo de limpieza debe basarse en una evaluación previa de riesgos y necesidades: no todos los espacios requieren automatización, pero todos exigen eficacia y seguridad.

Para elegir correctamente un sistema de limpieza, deben considerarse los siguientes factores:

- **Tipo de suciedad predominante**: grasa, escamas, proteínas, residuos minerales...
- **Tipo de superficie**: lisa, rugosa, porosa, metálica, plástica.
- **Frecuencia de limpieza**: zonas diarias vs. zonas ocasionales.
- **Accesibilidad**: espacios amplios vs. zonas estrechas o de difícil acceso.
- **Condiciones ambientales**: temperatura, humedad, ventilación.
- **Compatibilidad** con los productos químicos utilizados.

Zona	Recomendación de equipo
Cámaras frigoríficas	Espumador con ácido peracético + agua a presión
Suelos de tránsito	Fregadora mecánica con detergente alcalino
Estanterías móviles	Cepillo manual + desinfectante sin aclarado
Zona de recepción	Agua caliente a presión + detergente desengrasante

Una correcta elección y uso de los sistemas y equipos de limpieza permite mantener la higiene exigida por la normativa y optimizar tiempos, reducir riesgos laborales, y garantizar la seguridad alimentaria en cada paso del almacenamiento y manipulación de productos del mar.

Resumen

El almacén es una pieza esencial dentro de la cadena logística de cualquier empresa alimentaria. En el caso de los productos pesqueros, su correcta organización y mantenimiento son cruciales para garantizar la conservación, trazabilidad y seguridad alimentaria. Las plataformas logísticas realizan funciones de entrada, ubicación, control de *stock* y salida, lo que implica una planificación eficiente del espacio y del flujo de mercancías, así como la aplicación de normas operativas estrictas.

El diseño del almacén debe adaptarse a las características del producto, asegurando una disposición funcional y limpia, con zonas diferenciadas para recepción, conservación y expedición. El flujo de mercancías debe seguir un recorrido lógico y sin cruces entre zonas limpias y sucias, mientras que las unidades de carga (como cajas o pales) permiten una manipulación ágil y segura. Para mejorar el control de existencias, se emplean sistemas de identificación automática como los códigos de barras y la radiofrecuencia, que agilizan la trazabilidad y reducen errores.

La legislación en materia de almacenamiento alimentario obliga a cumplir con normativas de higiene, seguridad laboral y conservación del frío. En este entorno, los equipos de almacenaje (estanterías, cámaras, cajas, embalajes, etc.) deben ser resistentes, higiénicos y adaptados al producto. Además, se emplean diferentes medios para el movimiento de cargas —como transpaletas, carretillas o cintas transportadoras—, cuya manipulación requiere formación y medidas preventivas.

En el ámbito de la seguridad laboral, los riesgos y accidentes más habituales están relacionados con caídas, cortes, sobreesfuerzos o atrapamientos. Para prevenirlos, se aplican medidas preventivas específicas y se siguen protocolos de actuación en casos de emergencia, como incendios o fugas de amoníaco.

La higiene personal durante la manipulación, procesado y conservación del pescado es un requisito esencial. Incluye el uso adecuado de ropa de trabajo, lavado frecuente de manos y prohibición de objetos personales en zonas de trabajo. Las instalaciones deben mantenerse en orden y limpieza constantes, y aplicarse procedimientos que aseguren la limpieza física, química y microbiológica del entorno.

Los procesos de limpieza deben seguir una secuencia ordenada que incluya: retirada de residuos, enjuague, aplicación del detergente, fregado, aclarado, desinfección, y secado. Las soluciones químicas utilizadas deben elegirse según sus propiedades (pH, tensioactividad, estabilidad), teniendo en cuenta incompatibilidades y precauciones. Para una higiene avanzada, también se aplican procesos de desinfección y en algunos casos esterilización, usando productos químicos como cloro, amonios cuaternarios o ácido peracético, o bien métodos térmicos como vapor o agua caliente.

Los sistemas y equipos de limpieza —manuales, semiautomáticos o automáticos— deben seleccionarse en función del tipo de suciedad, frecuencia de uso y características del almacén. Su uso correcto permite ahorrar recursos, evitar riesgos laborales y garantizar el cumplimiento normativo.

Glosario

Almacén logístico

Espacio físico destinado a la recepción, almacenamiento, conservación y expedición de mercancías, con organización y control sistematizados.

Área de recepción

Zona del almacén en la que se verifican las condiciones y la documentación de las mercancías entrantes.

Autocontrol

Conjunto de procedimientos aplicados por la empresa para garantizar la seguridad alimentaria mediante la vigilancia sistemática de los puntos críticos del proceso.

Biocida

Sustancia o mezcla con capacidad para eliminar o inactivar organismos nocivos, como bacterias, virus, hongos o insectos.

Carga microbiológica

Cantidad de microorganismos presentes en un alimento, superficie o ambiente, que puede influir en la seguridad y vida útil del producto.

Código de barras

Sistema de identificación gráfica que codifica información numérica o alfanumérica, utilizado para el registro, trazabilidad y control de productos.

Control de plagas

Conjunto de medidas destinadas a prevenir, detectar y eliminar la presencia de plagas (roedores, insectos, etc.) en las instalaciones.

Desinfección

Proceso destinado a reducir la población de microorganismos patógenos en una superficie o ambiente, a un nivel que no represente un riesgo para la salud.

Desinfectante

Producto químico autorizado que se aplica sobre superficies inertes para inactivar o destruir microorganismos patógenos.

Desratización

Acción específica para prevenir o eliminar roedores en un entorno determinado, generalmente mediante barreras físicas, trampas o rodenticidas.

Desinsectación

Conjunto de procedimientos dirigidos a controlar o eliminar insectos en instalaciones alimentarias.

Esterilización

Proceso más riguroso que la desinfección, que elimina toda forma de vida microbiana, incluidas las esporas.

FIFO (First In, First Out)

Método de gestión de inventario que garantiza que los productos más antiguos sean los primeros en salir, útil en la rotación de mercancías perecederas.

HACCP (APPCC en español)

Sistema de *Análisis de Peligros y Puntos de Control Crítico*, que permite identificar y controlar los peligros alimentarios durante todo el proceso de producción o almacenamiento.

Punto Crítico de Control (PCC)

Etapa del proceso donde es posible aplicar un control para prevenir, eliminar o reducir un peligro alimentario a un nivel aceptable.

Radiofrecuencia (RFID)

Sistema de identificación automática que utiliza señales de radio para leer y registrar datos en etiquetas electrónicas adheridas a los productos o unidades de carga.

Trazabilidad

Capacidad de seguir el historial, la ubicación y la trayectoria de un producto a lo largo de todas las etapas de producción, transformación y distribución.

Unidad de carga

Conjunto de productos agrupados y organizados en una sola unidad para facilitar su manipulación, transporte o almacenamiento (por ejemplo, un palé).

Ejercicios de autoevaluación

1. ¿Cuál de las siguientes funciones no corresponde a una plataforma logística?

a. Transporte marítimo internacional.

b. Entrada de mercancías.

c. Ubicación de productos.

d. Control de *stock*.

2. La función principal del control de *stock* es:

a. Aumentar la rotación de personal.

b. Garantizar la disponibilidad de productos y evitar pérdidas.

c. Controlar la temperatura del almacén.

d. Revisar los permisos de los transportistas.

3. El flujo de mercancías en un almacén debe ser:

a. Caótico y flexible.

b. Aleatorio pero documentado.

c. Ordenado y lógico.

d. Dirigido únicamente por los proveedores.

4. El diseño del almacén debe facilitar:

a. El tránsito seguro y eficaz de productos y operarios.

b. La acumulación de mercancía.

c. La reducción del número de trabajadores.

d. El uso exclusivo de sistemas manuales.

5. Una unidad de carga está formada por:

    a. Un único artículo individual.

    b. Un espacio delimitado en el almacén.

    c. Un conjunto de productos agrupados para su manipulación.

    d. Un código asignado al transportista.

6. ¿Cuál de los siguientes sistemas permite la identificación automática de productos?

    a. Llaves de acceso.

    b. Fichas manuales.

    c. Horarios de turno.

    d. Código de barras.

7. La radiofrecuencia se utiliza en almacenes para:

    a. Aumentar la temperatura de las cámaras.

    b. Sustituir el código de barras.

    c. Facilitar la trazabilidad en tiempo real.

    d. Desinfectar las mercancías.

8. ¿Qué normativa regula las condiciones higiénicas del almacenamiento alimentario en la UE?

    a. ISO 14001.

    b. Reglamento (CE) 852/2004.

    c. Real Decreto 486/1997.

    d. Ley de Puertos y Marina Mercante.

9. El equipo de almacenamiento debe adaptarse a:

    a. Las preferencias del personal.

    b. El tipo de cliente.

    c. El tipo de producto y su formato.

    d. El turno de trabajo asignado.

10.¿Cuál de los siguientes no es un medio de manipulación de almacenaje?

    a. Transpaleta.

    b. Carretilla retráctil.

    c. Apilador eléctrico.

    d. Botiquín de primeros auxilios.

Módulo 2. Recepción, almacenaje y acondicionamiento de pescados y mariscos para su comercialización

Introducción

La correcta recepción, almacenaje y acondicionamiento de los productos pesqueros constituye una fase crítica dentro de la cadena de suministro alimentaria. Pescados y mariscos son productos altamente perecederos que requieren un tratamiento específico para garantizar su calidad, seguridad alimentaria y aptitud para el consumo humano. Durante este módulo se abordarán las prácticas operativas necesarias para asegurar el cumplimiento de las normativas higiénico-sanitarias, los criterios de conservación, así como la documentación y trazabilidad necesarias para el control de estos productos.

Se prestará especial atención al conocimiento de especies, condiciones de frescura y tipos de conservación, así como a los procedimientos de manipulación, almacenamiento y expedición. Además, se introducirán herramientas tecnológicas de control de almacén y registros, esenciales para garantizar una gestión eficiente y segura de los productos de la pesca.

Este módulo combina contenidos técnicos con prácticas de higiene, manipulación y documentación, fundamentales para operar con eficacia en entornos de pescadería o industrias alimentarias relacionadas con el mar.

Objetivos

- Organizar adecuadamente la recepción de pescados y mariscos, identificando las especies, su grado de frescura y controlando los documentos de entrada y registros sanitarios correspondientes.
- Almacenar los productos pesqueros en condiciones óptimas, teniendo en cuenta las necesidades de temperatura, humedad y colocación, así como aplicando técnicas correctas de ordenación, clasificación y manipulación.
- Aplicar criterios de conservación, trazabilidad y control de *stock*, utilizando sistemas documentales y herramientas informáticas para el seguimiento de entradas, salidas e inventarios.
- Realizar operaciones básicas de acondicionamiento y expedición de pescados, incluyendo la preparación de pedidos, embalaje, etiquetado y documentación de salida (albaranes, órdenes de expedición, registros).
- Cumplir las normas de higiene y seguridad alimentaria, aplicando correctamente las buenas prácticas de limpieza, desinfección y manipulación, tanto en el entorno de trabajo como en el transporte y acondicionamiento de los productos.
- Valorar la importancia de la eficiencia y la higiene profesional, mostrando una actitud responsable y orientada a la calidad en el desempeño de las tareas propias del puesto de trabajo.

1. Organización en la recepción de pescados y mariscos

La **recepción de productos pesqueros** constituye una de las fases más críticas en la cadena de suministro de alimentos procedentes del mar. Esta etapa implica la **verificación inicial** del estado y condiciones de los productos, siendo determinante para garantizar su seguridad, calidad y trazabilidad. En este punto, se articulan aspectos clave como la tipología de especies, la frescura y el cumplimiento de los requisitos sanitarios. Además, la recepción no puede entenderse de forma aislada, ya que forma parte de un sistema logístico más amplio donde intervienen factores como la planificación de la demanda, la programación de pedidos y la coordinación con los proveedores.

La adecuada gestión de la recepción exige una interacción precisa entre operativa y documentación, y requiere tanto conocimientos técnicos como habilidades de observación y control.

Fig. 1. Un error en esta fase puede comprometer la integridad del lote, dificultar la trazabilidad o derivar en sanciones sanitarias

1.1. Pescados frescos de agua dulce y salada

Los pescados frescos son un alimento de alto valor nutricional y gran importancia comercial en la industria alimentaria. Su **clasificación** en función del hábitat permite distinguir entre especies de agua dulce y agua salada, cada una con características específicas que influyen tanto en su manipulación como en su conservación.

Una de las principales **diferencias** entre estas dos categorías está relacionada con su composición corporal, especialmente en lo que respecta al contenido en sal, grasa y textura muscular. Además, su origen determina distintas exigencias en el control sanitario, debido a la diferente exposición a contaminantes, patógenos y tratamientos de cultivo.

Características	Agua dulce	Agua salada
Hábitat	Ríos, lagos, embalses	Mares, océanos
Salinidad del entorno	Baja	Alta
Sabor	Suave, delicado	Más intenso
Textura	Blanda	Firme
Ejemplos de especies	Trucha, carpa, perca, anguila	Merluza, dorada, atún, sardina
Procedencia frecuente	Cultivo (acuicultura) o pesca fluvial	Pesca de altura o acuicultura marina

 Vocabulario

Acuicultura: técnica de cría controlada de especies acuáticas (peces, moluscos o crustáceos) en condiciones reguladas, tanto en agua dulce como salada.

Tanto en pescados de agua dulce como de agua salada, la frescura es un indicador clave de calidad. Los principales **atributos sensoriales** para evaluar un pescado fresco son:

- **Olor**: debe ser suave, característico del mar o del río, nunca amoniacal ni rancio.
- **Ojos**: brillantes, transparentes y prominentes.
- **Branquias**: de color rojo o rosado, húmedas y sin mucosidades.
- **Piel y escamas**: brillantes, firmes y adheridas.
- **Carne**: firme al tacto, sin hundimientos al presionar.

 Anotación

El deterioro del pescado comienza inmediatamente tras su captura, por lo que la rapidez en el transporte, refrigeración y almacenamiento es fundamental para conservar sus propiedades.

Los pescados de agua dulce y salada pueden requerir tratamientos diferenciados, no solo por su fisiología, sino también por su contexto de producción:

- En el caso de la **acuicultura**, se suelen aplicar protocolos estrictos de control sanitario y alimentación, lo que permite una trazabilidad más precisa del producto.
- En la **pesca extractiva** (especialmente en alta mar), es imprescindible respetar la cadena de frío desde el momento de captura para asegurar la frescura.

Fig. 2. Estos factores influyen directamente en las decisiones de recepción y almacenamiento, como el tipo de refrigeración, el tiempo máximo de conservación o los riesgos microbiológicos asociados

Conocer las principales especies de pescados frescos que se comercializan es fundamental para su correcta clasificación, almacenamiento y expedición. A continuación, se presentan algunos ejemplos organizados por hábitat:

Tipo de agua	Especies comunes	Presentación habitual
Agua dulce	Trucha, carpa, lucio, perca, anguila	Entera, fileteada, envasada al vacío
Agua salada	Merluza, atún, sardina, lubina, caballa	Entera, eviscerada, en lomos

La legislación europea establece parámetros específicos sobre la denominación comercial, el nombre científico y el origen de los productos pesqueros (Reglamento (UE) n.º 1379/2013), lo cual facilita su identificación y mejora la transparencia para el consumidor.

1.2. Especies de moluscos y crustáceos

Los **moluscos** y **crustáceos** constituyen una parte fundamental dentro del grupo de los productos del mar, no solo por su valor gastronómico y comercial, sino también por las particularidades que presentan en su estructura biológica, modo de vida, manipulación y conservación. Su correcta identificación y tratamiento es esencial para preservar la seguridad alimentaria y evitar riesgos sanitarios.

Fig. 3. A diferencia de los pescados, los moluscos y crustáceos no poseen esqueleto óseo ni estructura muscular homogénea, por lo que su manipulación requiere técnicas específicas, una mayor sensibilidad térmica y una atención estricta a la limpieza y control microbiológico

La **clasificación** de estos productos puede hacerse en función de su filo zoológico y de sus características morfológicas. En términos prácticos para la recepción y almacenamiento, se agrupan principalmente en las siguientes categorías:

Grupo	Características generales	Ejemplos habituales
Moluscos bivalvos	Poseen dos valvas simétricas, viven en fondos marinos o estuarios	Mejillón, almeja, ostras, vieiras
Moluscos cefalópodos	Tienen cabeza desarrollada y tentáculos, gran movilidad	Pulpo, calamar, sepia
Moluscos gasterópodos	Univalvos con forma de espiral, algunos de vida intermareal	Caracol de mar, cañaílla, bígaro
Crustáceos decápodos	Cuerpo segmentado, cinco pares de patas, exoesqueleto duro	Langostino, gambas, cangrejo, bogavante
Crustáceos menores	Tamaño pequeño, cuerpo blando, menor valor económico	Camarón, quisquilla, kril

Vocabulario

Decápodo: crustáceo que presenta diez patas locomotoras (cinco pares), característica común en langostas, gambas o cangrejos.

Dado su carácter perecedero y su exposición a contaminantes biológicos, los moluscos y crustáceos deben presentar determinados **signos de frescura** en el momento de su recepción. Estos signos son específicos según el tipo de organismo, y es fundamental conocerlos para detectar productos no aptos o deteriorados:

1. **Moluscos bivalvos:**
   - Las conchas deben estar cerradas o cerrarse al menor contacto. Si permanecen abiertas, indican muerte y posible deterioro.
   - Deben estar húmedos, sin olores extraños.
   - No deben presentar barro, roturas ni impurezas visibles en su interior.

2. **Cefalópodos:**
   - Coloración brillante, sin zonas apagadas o amarillentas.
   - Piel húmeda y turgente.
   - Olor a mar, nunca agrio ni amoniacal.
   - Carne firme, sin mucosidad excesiva.

3. **Crustáceos:**

- **En frescos vivos**: movimiento activo de patas y antenas.
- **En frescos muertos**: color brillante, sin manchas, caparazón firme.
- Olor suave, nunca fuerte o dulzón.

Anotación

El control de frescura es especialmente importante en los bivalvos, ya que son filtradores naturales y pueden acumular contaminantes biológicos como Vibrio, E. coli o toxinas marinas. Por ello, solo pueden proceder de zonas autorizadas y deben estar depurados antes de su comercialización.

Los moluscos y crustáceos requieren un tratamiento cuidadoso desde el momento de su recepción:

- **Los moluscos vivos** (especialmente bivalvos) deben mantenerse en condiciones que les permitan seguir vivos hasta su comercialización, generalmente en **tanques** con agua de mar limpia y oxigenada, o en mallas húmedas con refrigeración controlada (entre 2 °C y 8 °C).

- **Los cefalópodos** deben mantenerse refrigerados o congelados según su estado (fresco o eviscerado), evitando pérdidas por goteo o alteraciones enzimáticas.

- **Los crustáceos vivos**, como bogavantes o cangrejos, exigen transporte y almacenamiento en viveros con agua marina o en cajas de transporte con condiciones adecuadas de humedad y temperatura.

- Los **productos congelados** deben mantenerse a temperaturas iguales o inferiores a –18 °C sin romper la cadena de frío en ningún momento.

La legislación europea exige **controles** específicos sobre estos productos, más estrictos incluso que los exigidos para los pescados. Entre ellos:

- Certificados sanitarios de depuración y origen (especialmente para bivalvos).
- Registro de lote, especie, zona de captura y método de producción (pesca o acuicultura).
- Etiquetado con denominación comercial, nombre científico y fecha de envasado.
- Información sobre el tratamiento (refrigerado, cocido, congelado).

El Reglamento (CE) n.º 853/2004 del Parlamento Europeo establece normas específicas de higiene para alimentos de origen animal. Este reglamento incluye requisitos concretos para la recogida, depuración, etiquetado y comercialización de moluscos bivalvos vivos.

Fig. 4. La correcta identificación, conservación y manipulación de marisco debe considerarse un proceso técnico de alta responsabilidad dentro de cualquier almacén o establecimiento de pescadería

1.3. Grados de frescura de la pesca

El **grado de frescura** es el principal indicador de calidad en los productos pesqueros. No solo determina su valor comercial y vida útil, sino también su aptitud para el consumo humano. Evaluar correctamente la frescura es esencial en el momento de la recepción, ya que permite aceptar o rechazar partidas, garantizar la trazabilidad y cumplir con los requisitos legales y sanitarios.

La frescura está determinada por **cambios** bioquímicos, microbiológicos y sensoriales que se producen en el pescado desde el momento de su captura. Estos cambios progresan de forma más o menos rápida en función de factores como la especie, el método de pesca, el tratamiento postcaptura, la temperatura de conservación o la higiene en la manipulación.

Los métodos para evaluar la frescura del pescado se basan principalmente en una inspección sensorial, apoyada en parámetros físicos y, en contextos más avanzados, en pruebas químicas o microbiológicas. Los principales criterios sensoriales son:

Criterio	Pescado muy fresco	Pescado fresco	Pescado no apto
Ojos.	Brillantes, salientes, córnea transparente.	Algo hundidos, córnea algo opaca.	Hundidos, córnea lechosa.
Branquias.	Rojas, húmedas, sin moco.	Rosadas, ligeramente húmedas.	Marrones o grises, secas, con moco.
Piel.	Brillante, escamas adheridas.	Menos brillante, escamas sueltas.	Opaca, mucosa amarillenta.
Olor.	A mar, fresco.	A pescado marcado.	A amoníaco, agrio o rancio.
Carne.	Firme, elástica al tacto.	Menos firme, ligera huella al presionar.	Blanda, hundimiento persistente.

 Anotación

El grado de frescura no siempre es visible de inmediato. Por ello, se recomienda realizar la inspección en varias zonas del pescado, como la cabeza, las branquias y la zona abdominal, donde los signos de deterioro suelen aparecer antes.

Desde el momento de la muerte del animal, el proceso de **autólisis** (degradación enzimática) y el crecimiento bacteriano comienzan a actuar sobre sus tejidos. Esto genera cambios progresivos que se clasifican en etapas:

1. **Estado de rigor mortis**: pocas horas tras la captura. La carne está muy firme y el pescado resulta difícil de filetear. Aunque es fisiológicamente rígido, se considera muy fresco.
2. **Post rigor y frescura óptima**: la rigidez desaparece, pero la carne sigue firme, el olor es agradable y las branquias están rojas. Ideal para consumo.
3. **Fase de deterioro inicial**: comienzan a percibirse olores ácidos, cambios de color y cierta blandura. Aún apto, pero requiere un uso inmediato o conservación en frío.
4. **Fase de descomposición**: olor fuerte, carne blanda, cambios de color evidentes. El producto ya no es apto para el consumo.

Vocabulario

Rigor mortis: proceso fisiológico en el que los músculos del pescado se vuelven rígidos tras la muerte debido a la falta de energía celular (ATP). Dura entre 12 y 48 horas, según la especie y la temperatura.

La **Reglamentación europea** y otros organismos reguladores establecen categorías estandarizadas para la evaluación de la frescura del pescado en el comercio mayorista y minorista. Estas categorías pueden servir como guía para recepcionistas y responsables de almacén:

- **Extra (E o A+)**: Pescado de calidad excepcional. Acaba de ser capturado, sin manipulación significativa ni signos de deterioro. Utilizado para consumo directo de alta gama.
- **Categoría A**: Muy buena calidad, con características sensoriales muy próximas a las del grado Extra. Apto para venta directa o procesamiento inmediato.
- **Categoría B**: Calidad aceptable, con ligeros signos de pérdida de frescura. Su uso debe ser inmediato o bajo tratamientos de conservación.

- **Categoría C o rechazado**: No apto para el consumo. Debe desecharse o gestionarse como residuo no alimentario.

Legislación

La Organización Común de Mercados (OCM) para los productos de la pesca y de la acuicultura, en el Reglamento (UE) n.º 1379/2013, establece normas de comercialización para evaluar la frescura de ciertos productos pesqueros a través de inspecciones sensoriales normalizadas.

Aunque en entornos tradicionales la evaluación de la frescura se realiza de forma visual y olfativa, en instalaciones modernas se emplean además métodos instrumentales como:

- Medidores de pH muscular.
- Análisis de compuestos nitrogenados (TVB-N).
- Mediciones de actividad de agua (Aw).
- Sistemas de inspección por imagen y aprendizaje automático.

Estos sistemas, aunque más costosos, aportan objetividad y permiten mantener un control de calidad sistemático y documentado en grandes volúmenes de recepción.

Fig. 5. Evaluar correctamente el grado de frescura en el momento de la recepción es una responsabilidad clave en toda cadena de manipulación de productos pesqueros, ya que protege al consumidor y evita fraudes, pérdidas económicas y sanciones sanitarias

1.4. Suministro de productos a las líneas de producción según notas de pedido

En los procesos industriales del sector pesquero, el **suministro interno** de materias primas a las diferentes áreas de transformación constituye un eslabón fundamental para el funcionamiento eficiente del sistema productivo. Este suministro se basa en las notas de pedido internas, documentos que indican la cantidad, tipo y características de los productos que deben trasladarse desde el almacén a las líneas de producción o elaboración.

Una correcta gestión de este flujo de materiales influye directamente en la continuidad de la producción, en la trazabilidad del producto y en la reducción de mermas por deterioro, manipulación indebida o errores de identificación.

La **nota de pedido** es un documento técnico que actúa como orden de movimiento de productos dentro de la empresa. Puede ser generada por los responsables de producción, calidad o compras, y permite formalizar la solicitud de productos desde el almacén hacia la zona de procesado.

Esta nota suele contener los siguientes datos:

Campo de la nota de pedido	Contenido habitual
Fecha.	Día de emisión del pedido.
Unidad de destino.	Línea de producción, área de fileteado, sala de cocción, etc.
Producto solicitado.	Especie, presentación (entero, eviscerado, fileteado, etc.).
Cantidad.	En kilogramos, unidades o bandejas.
Estado.	Refrigerado, congelado, en salazón.
Prioridad del pedido.	Urgente, ordinario, para el día siguiente, etc…
Firma/autorización.	Responsable de sección o supervisor de calidad.

Vocabulario

Picking: proceso logístico mediante el cual se seleccionan y recogen productos del almacén según una orden de trabajo o nota de pedido, para su posterior expedición o traslado interno.

Una vez recibida y validada la nota de pedido, se inicia el procedimiento de preparación y suministro:

1. **Verificación documental y *stock***: el personal de almacén consulta el sistema de gestión para comprobar disponibilidad del producto solicitado.
2. **Localización y *picking***: los operarios identifican la ubicación del lote en cámaras frigoríficas o zonas de preparación, siguiendo los criterios de rotación (FIFO, FEFO).
3. **Preparación y pesaje**: se recogen los productos solicitados, se pesan y se inspecciona visualmente el estado del lote.
4. **Documentación de salida**: se genera una hoja de entrega o comprobante de salida, que acompaña al producto hasta su destino.
5. **Transporte interno**: se realiza el traslado hasta la línea de producción correspondiente, respetando las condiciones higiénico-sanitarias y de temperatura.
6. **Recepción en línea**: el personal de producción verifica el lote recibido y lo integra en el proceso productivo.

Anotación

En muchas industrias, estos procesos están automatizados mediante sistemas ERP, que integran la gestión del almacén, producción y calidad, minimizando errores humanos y mejorando la trazabilidad.

El **suministro eficiente** basado en notas de pedido permite:

- Evitar interrupciones en la línea de producción por falta de materia prima.
- Controlar la trazabilidad interna, identificando qué lote se ha usado en cada fase.
- Reducir mermas por errores en la preparación o manipulación del producto.
- Garantizar el cumplimiento del plan de producción diario, alineado con la demanda y la planificación de ventas.

En industrias que trabajan con productos altamente perecederos como pescados y mariscos, la velocidad y precisión del suministro interno son determinantes para evitar que el producto pierda calidad antes de ser transformado.

Algunas **recomendaciones** para optimizar este proceso incluyen:

- Mantener actualizados los registros de inventario en tiempo real.
- Seguir criterios de rotación adecuados: FIFO (*First In, First Out*) para productos con lote fijo; FEFO (*First Expired, First Out*) para productos con fecha de caducidad.
- Realizar formación continua al personal de almacén en técnicas de manipulación higiénica y control de temperaturas.
- Establecer procedimientos escritos para los pasos de preparación, traslado y entrega interna.

El Reglamento (CE) n.º 178/2002 establece la obligación de garantizar la trazabilidad en todas las etapas de la producción, transformación y distribución de alimentos. Aunque está pensado para toda la cadena alimentaria, también se aplica al suministro interno dentro de una planta de procesado.

1.5. Registro de recepción, almacenamiento, distribución interna de productos

En la **gestión** de productos pesqueros, llevar un registro riguroso y actualizado de todas las operaciones logísticas es indispensable para asegurar la trazabilidad, el control de calidad y el cumplimiento de las normativas sanitarias y comerciales. Estos registros abarcan desde la entrada del producto en las instalaciones, su paso por las distintas zonas de almacenamiento, hasta su distribución interna a líneas de producción o expedición.

El uso de registros estandarizados permite disponer de información precisa sobre cada lote: su procedencia, ubicación, manipulación, condiciones de conservación y destino. Además, son una herramienta clave ante auditorías, inspecciones o alertas alimentarias.

La **trazabilidad** es la capacidad de reconstruir el camino recorrido por un producto desde su origen hasta su destino final. En este sentido, los registros permiten:

- Identificar qué producto ha entrado, cuándo y de dónde procede.
- Conocer su ubicación actual dentro del almacén.
- Determinar qué unidades se han distribuido, a qué líneas o pedidos.
- Facilitar la retirada rápida de un lote en caso de alerta sanitaria.

Anotación

El sistema de trazabilidad debe ser bidireccional: hacia atrás, para identificar el proveedor y lote original, y hacia adelante, para saber a quién se entregó o en qué producto final se transformó.

En función del proceso logístico, se utilizan distintos documentos o soportes digitales para recoger la información operativa:

Tipo de registro	Finalidad principal	Soporte habitual
Registro de recepción	Verificar y documentar la entrada de productos al almacén	Hoja física o formulario digital
Registro de almacenamiento	Indicar ubicación, condiciones y movimientos internos del lote	Etiquetas, sistemas ERP, fichas
Registro de distribución interna	Registrar los traslados a líneas de producción o zonas de procesado	Orden de *picking*, hoja de entrega
Registro de temperaturas	Garantizar condiciones de conservación conforme a la normativa	Termógrafos, sensores, libros

ERP (*Enterprise Resource Planning*): sistema informático que integra y gestiona de forma centralizada los procesos clave de una organización, como logística, producción, calidad y ventas.

Aunque los modelos pueden variar según la empresa o el sistema utilizado, todos los registros relacionados con productos pesqueros deben incluir **información mínima** como:

- Fecha y hora de la operación (recepción, ubicación, distribución).
- Identificación del producto (especie, presentación, estado: fresco/congelado).
- Número de lote y, en su caso, fecha de caducidad o consumo preferente.
- Proveedor o procedencia del lote.
- Cantidad recibida o trasladada (en kg, unidades o cajas).
- Temperatura de entrada o de conservación.
- Firma y nombre del operario responsable.

Esta información puede ir acompañada de etiquetas adheridas al producto o embalaje, códigos QR, sistemas RFID o anotaciones en libros de registro, según el nivel de digitalización del almacén.

La legislación exige llevar un sistema de registro y trazabilidad que **sea preciso, accesible y comprensible**, tanto en operaciones de recepción como en las de manipulación y distribución interna. Algunos **marcos normativos** clave son:

- **Reglamento (CE) n.º 178/2002**: base legal del sistema de trazabilidad alimentaria en la Unión Europea.
- **Reglamento (CE) n.º 852/2004**: establece requisitos generales de higiene para todos los operadores de la cadena alimentaria.
- **Reglamento de Ejecución (UE) 2019/627**: detalla los controles oficiales sobre productos de origen animal.

En España, la Agencia Española de Seguridad Alimentaria y Nutrición (AESAN) proporciona guías prácticas y modelos de registro adaptados al sector pesquero y de distribución alimentaria.

Ejemplo

Supongamos que se recibe un lote de 200 kg de calamar congelado, con número de lote CAL-0425-01. El producto entra en cámara a –20 °C y se almacena en la estantería B3. Dos días después, se trasladan 100 kg a la línea de elaboración de cefalópodos para su troceado.

Registro de entrada:
- Fecha: 25/04/2025
- Producto: Calamar troceado
- Lote: CAL-0425-01
- Temperatura: –20 °C
- Almacén: Cámara congelación, B3
- Cantidad: 200 kg
- Operario: M. Ortega

Registro de distribución interna:
- Fecha: 27/04/2025
- Línea destino: Elaboración cefalópodos
- Producto: Calamar troceado
- Lote: CAL-0425-01
- Cantidad: 100 kg
- Operario: L. Sánchez

Estos registros permitirán, en caso de alerta, identificar qué producto final incluye ese lote y retirar rápidamente las unidades afectadas del mercado si fuese necesario.

1.6. Controles sanitarios de pescado y mariscos

Los **controles sanitarios** son esenciales para asegurar que los pescados y mariscos que entran en el circuito alimentario cumplen con las condiciones de inocuidad, salubridad y calidad exigidas por la normativa sanitaria vigente. Dado que estos productos son altamente perecederos y pueden actuar como vehículos de agentes patógenos, su inspección y verificación en el momento de la recepción es una responsabilidad crítica del personal especializado.

Fig. 6. Los controles sanitarios se realizan en las fronteras o lonjas, en almacenes de distribución, centros de elaboración y establecimientos minoristas, siendo obligatorios tanto en productos frescos como congelados, vivos o transformados

Los productos de la pesca pueden estar expuestos a una amplia gama de **riesgos sanitarios**, entre los que destacan:

- **Contaminación microbiológica**: bacterias como *Listeria monocytogenes*, *Salmonella spp.*, *Clostridium botulinum* o *Vibrio spp.*
- **Parásitos**: como *Anisakis simplex*, especialmente en especies destinadas a ser consumidas crudas o insuficientemente cocinadas.
- **Presencia de toxinas**: en moluscos bivalvos, como las toxinas lipofílicas, paralizantes o amnésicas (DSP, PSP, ASP).
- **Contaminantes químicos**: metales pesados (mercurio, cadmio, plomo), residuos de plaguicidas o hidrocarburos.
- **Condiciones organolépticas alteradas**: que indican un mal estado higiénico del producto.

 **Vocabulario**

Inocuidad alimentaria: conjunto de condiciones y prácticas necesarias para garantizar que un alimento no cause daño al consumidor cuando se prepara y/o consume según su uso previsto.

Los controles sanitarios que se aplican en pescados y mariscos pueden dividirse en:

1. **Controles visuales**:
   o Evaluación del estado general del producto (olor, color, textura, aspecto).
   o Detección de signos visibles de parasitación, putrefacción o presencia de cuerpos extraños.

2. **Controles documentales**:
   o Comprobación de certificados sanitarios y fichas de depuración (moluscos).
   o Verificación del etiquetado y número de lote.
   o Origen del producto (zona de pesca FAO, método de producción, proveedor autorizado).

3. **Controles analíticos**:
   o Toma de muestras para análisis microbiológicos, parasitológicos o químicos.
   o Comprobación de niveles de histamina en especies susceptibles (atún, caballa, sardina).
   o Ensayos de laboratorio sobre toxinas en moluscos.

4. **Controles de temperatura**:
   o Medición en superficie o núcleo del producto, especialmente en pescado congelado o refrigerado.
   o Verificación del cumplimiento de las temperaturas de transporte y almacenamiento.

 Anotación

En el caso de los moluscos bivalvos vivos, estos deben haber sido depurados y proceder de zonas clasificadas como A o B por la autoridad sanitaria. La comercialización directa solo está permitida si provienen de zona A o han superado el proceso de depuración si proceden de zona B.

Los controles sanitarios en productos pesqueros están regulados principalmente por la legislación europea, que establece un marco armonizado de vigilancia y prevención. Entre las **normas** más relevantes destacan:

- **Reglamento (CE) n.º 853/2004**: establece normas específicas de higiene para alimentos de origen animal, incluyendo requisitos para el tratamiento y manipulación de productos pesqueros.
- **Reglamento (UE) 2019/627**: regula los **controles oficiales realizados por veterinarios oficiales** en establecimientos que procesan productos de origen animal.
- **Reglamento (CE) n.º 2073/2005**: fija los **criterios microbiológicos** para la seguridad alimentaria.
- **Real Decreto 1420/2006** (España): regula la **presencia de parásitos visibles** (como *Anisakis*) y las condiciones para la comercialización de productos destinados al consumo en crudo.

Recuerda

Los controles sanitarios constituyen la primera barrera de protección frente a los riesgos alimentarios asociados al pescado y marisco. Su correcta aplicación protege al consumidor, garantiza el cumplimiento legal y refuerza la imagen de calidad del operador alimentario. En entornos profesionales, estos controles deben estar respaldados por formación continua, protocolos claros y tecnología de apoyo para facilitar su aplicación y registro.

El personal responsable de la recepción debe contar con un **protocolo** claro de control sanitario, que incluya:

- *Checklist* visual para evaluar frescura y apariencia.
- Verificación documental: registro de albaranes, fichas de lote, temperatura y certificados.
- Relleno de fichas de conformidad o rechazo, firmadas por el operario y validadas por el supervisor.
- Aislamiento del producto no conforme: en zonas separadas, debidamente señalizadas y sin contacto con el resto del producto.

- Comunicación con el proveedor, especialmente si se requiere la devolución o sustitución.

2. Descripción del almacenamiento de pescados y mariscos

El **almacenamiento de productos pesqueros** está determinado por su naturaleza altamente perecedera y por su necesidad de conservación en condiciones específicas de temperatura, humedad y ventilación. La infraestructura y la organización del almacén deben estar diseñadas para proteger la calidad de los alimentos y asegurar la integridad de la cadena de frío en todo momento.

En este proceso influyen tanto variables físicas (como la capacidad del espacio o la tecnología de refrigeración) como factores operativos (rotación de *stock*, métodos de colocación, identificación de productos). Asimismo, el cumplimiento de la normativa higiénico-sanitaria es un requisito ineludible, que regula aspectos como la segregación de productos, la prevención de contaminaciones cruzadas y el mantenimiento de condiciones controladas en cámaras y zonas de trabajo.

2.1. Distribución de los productos en salas o cámaras de refrigeración o congelación (temperatura, humedad)

El **almacenamiento** adecuado de pescados y mariscos es esencial para preservar su frescura, calidad microbiológica y valor comercial. Dado su carácter altamente perecedero, estos productos deben mantenerse en condiciones ambientales estrictamente controladas, tanto en lo que respecta a la temperatura como a la humedad relativa, con el fin de evitar la proliferación bacteriana, el deterioro organoléptico y la contaminación cruzada.

Fig. 7. El uso correcto de las salas y cámaras de refrigeración o congelación determinan en gran medida la eficacia de todo el sistema de conservación

Los productos del mar pueden conservarse mediante dos sistemas principales:

Tipo de conservación	Rango de temperatura	Productos almacenados	Observaciones
Refrigeración.	0 °C a +4 °C.	Pescado fresco, mariscos vivos.	Mantiene el producto durante pocos días.
Congelación.	–18 °C o inferior.	Pescado fileteado, cefalópodos, crustáceos.	Permite almacenar durante meses si no se rompe la cadena de frío.

Vocabulario

Cadena de frío: conjunto de procesos que garantizan que los productos refrigerados o congelados se mantengan dentro de los límites térmicos requeridos desde su captura hasta su consumo.

1. **Temperatura:**
   - Es el parámetro más crítico. Una mínima variación puede acelerar el crecimiento de microorganismos o la degradación enzimática.
   - En cámaras de refrigeración, la temperatura debe mantenerse cercana a 0 °C, sin llegar al punto de congelación.
   - En congelación, el valor estándar es –18 °C o inferior, según establece la normativa europea.

2. **Humedad relativa:**

   o En cámaras de refrigeración debe mantenerse entre 85 % y 95 %, para evitar tanto la deshidratación del producto como la condensación excesiva.

   o En congelación, no se controla directamente, pero es importante evitar el escarchado o acumulación de hielo en paredes y evaporadores, ya que puede reducir la eficiencia del sistema y alterar la calidad del producto.

Anotación

Las cámaras deben contar con registros continuos de temperatura, ya sea mediante sensores digitales conectados a un sistema de alarma o termógrafos con verificación periódica manual.

Una distribución adecuada de los productos dentro de la cámara evita contaminaciones cruzadas, facilita el flujo de aire frío y optimiza el uso del espacio. Los principales **criterios** a seguir son:

- **Separación por tipo de producto**: pescados, cefalópodos, crustáceos y moluscos deben almacenarse por separado, especialmente si están en diferentes estados (frescos vs. cocidos).
- **Colocación en estanterías**: evitar apilar directamente en el suelo; se recomienda una altura mínima de 10 cm.
- **Rotación de *stock***: aplicar el principio **FIFO** (*First In, First Out*) o **FEFO** (*First Expired, First Out*), según el tipo de lote.
- **Espacios de ventilación**: dejar espacio entre cajas y paredes para permitir la correcta circulación del aire.
- **Ubicación de productos vivos**: los mariscos vivos se almacenan aparte, en tanques específicos o cámaras húmedas.

Buenas prácticas	Riesgos asociados a su incumplimiento
No sobrecargar estanterías.	Bloqueo de la ventilación, pérdida de frío.
Evitar acumulaciones en esquinas.	Condensación, zonas muertas térmicamente.
Separar productos incompatibles.	Contaminación cruzada, olores indeseados.

Los requisitos técnicos para cámaras de refrigeración y congelación están recogidos en varios marcos normativos. En particular:

- **Reglamento (CE) n.º 852/2004**: establece que las instalaciones deben permitir el control de **temperatura**, **humedad**, **ventilación** y garantizar la limpieza y el mantenimiento higiénico.
- **Reglamento (CE) n.º 853/2004**: obliga a que los productos de la pesca se mantengan a temperaturas próximas al derretimiento del hielo, salvo en el caso de productos congelados.
- El *Codex Alimentarius* también proporciona directrices internacionales sobre almacenamiento de productos del mar.

 Anotación

En España, las condiciones de almacenamiento frigorífico están reguladas también por normativas autonómicas e inspeccionadas por los servicios oficiales de sanidad, que verifican la calibración de termómetros, la higiene de evaporadores y la correcta distribución del producto.

En instalaciones modernas, el **control del ambiente** se realiza mediante:
- **Sistemas de control automático** de temperatura y humedad, con alarmas ante desviaciones.
- **Sistemas de trazabilidad** digital vinculados al lote almacenado.
- **Lectores RFID o códigos QR**, que facilitan la localización de productos dentro de la cámara.
- **Sistemas de registro remoto**, que permiten la consulta de parámetros desde dispositivos móviles o paneles de control.

Estas soluciones aumentan la **seguridad del producto** y mejoran la capacidad de respuesta ante cualquier fallo de conservación.

El correcto almacenamiento en frío de pescados y mariscos no se limita al uso de cámaras frigoríficas, sino que requiere una gestión técnica planificada, basada en normas de higiene, control ambiental, y protocolos de distribución interna.

Fig. 8. Una conservación inadecuada, aunque sea de pocas horas, puede traducirse en pérdidas económicas, riesgos sanitarios o rechazos en inspecciones oficiales

2.2. Ordenación, clasificación, manipulación y almacenamiento de productos de la pesca y documentación

El correcto tratamiento de los productos pesqueros en el almacén va mucho más allá de conservarlos en frío. La ordenación, clasificación, manipulación y documentación constituyen un conjunto integrado de operaciones que garantizan la eficiencia logística, la seguridad alimentaria y el cumplimiento legal. Estas tareas permiten identificar y distribuir adecuadamente cada lote recibido, optimizando el espacio disponible, facilitando su trazabilidad y reduciendo las mermas por errores o deterioros.

Este proceso debe realizarse siguiendo criterios técnicos y normativos, aplicando procedimientos estandarizados, y bajo condiciones que respeten la higiene y la integridad del producto.

A. Ordenación y distribución del producto en almacén

La **ordenación** consiste en la disposición lógica de los productos pesqueros dentro del espacio de almacenamiento, según su naturaleza, estado de conservación, frecuencia de uso y destino final. Una buena organización del almacén facilita:

- La rotación adecuada de las existencias (evitando caducidades).
- El acceso rápido a los productos más utilizados.
- La prevención de contaminaciones cruzadas.

Los **principios básicos** de ordenación son:

- Separar físicamente productos crudos y elaborados.
- Agrupar por tipo de especie, presentación (entero, fileteado) o proveedor.
- Ubicar productos de mayor rotación en zonas accesibles.
- Establecer zonas diferenciadas para productos no conformes o en cuarentena.

Anotación

Para facilitar la gestión, es habitual etiquetar las estanterías y zonas de carga con códigos alfanuméricos o sistemas de colores, especialmente en cámaras de gran capacidad.

B. Clasificación del producto: criterios técnicos y comerciales

La **clasificación** permite identificar y separar los productos pesqueros en función de una serie de atributos físicos, sanitarios o comerciales. Esta operación es especialmente importante cuando los productos llegan a granel o en formatos no estandarizados.

Los **criterios** comunes de clasificación son:

- Especie y nombre comercial.
- Tamaño o calibre (muy frecuente en moluscos, cefalópodos y crustáceos).
- Estado del producto: fresco, congelado, vivo, eviscerado, cocido.
- Presentación comercial: entero, en filetes, lomos, porciones.
- Origen: pesca extractiva o acuicultura, zona FAO, proveedor.

Ejemplo de clasificación para mejillón vivo	Ejemplo para filete de merluza congelada
Zona de captura: Rías Baixas.	Presentación: Filete sin piel, sin espinas.
Tamaño: 60-80 unidades/kg.	Calibre: 200-300 g/unidad.
Estado: Vivo, depurado.	Temperatura: −18 °C.

Vocabulario

Calibre: medida del tamaño o peso promedio de un producto (normalmente expresado en unidades por kilogramo), utilizado para estandarizar la presentación comercial.

C. Manipulación higiénica y segura

La **manipulación** de pescados y mariscos en el almacén debe realizarse siguiendo protocolos que garanticen su conservación y eviten alteraciones. Las **operaciones** más frecuentes incluyen:

- Traslado interno de cajas o bandejas desde zonas de recepción a cámaras.
- Revisión de frescura o signos de deterioro en el producto.
- Reacondicionamiento: reetiquetado, pesaje o sustitución de embalajes deteriorados.
- Muestreos para control sanitario.

Algunas **buenas prácticas** de manipulación son:

- Uso obligatorio de EPIs: guantes, delantales, botas, mascarilla si procede.
- Limpieza previa y posterior de superficies de contacto y utensilios.
- Evitar el contacto entre productos incompatibles (por ejemplo, pescados y crustáceos cocidos).
- Realizar los traslados en tiempos mínimos para no comprometer la temperatura.

legislación

El Reglamento (CE) n.º 852/2004, relativo a la higiene de los productos alimenticios, establece que los manipuladores deben estar formados y capacitados, y que deben adoptarse medidas que impidan la contaminación durante la manipulación y el almacenamiento.

D. Documentación asociada al producto

Cada **lote** almacenado debe estar correctamente documentado para asegurar su trazabilidad y control. Esta documentación puede generarse en soporte físico o digital (ERP, hojas de cálculo, formularios online) y suele incluir:

- Ficha de entrada o recepción: fecha, proveedor, especie, lote, cantidad, estado.
- Etiquetado del envase: información obligatoria según el Reglamento (UE) n.º 1379/2013 (nombre comercial, método de producción, zona FAO, arte de pesca).
- Hoja de ubicación en el almacén: estantería, cámara, condiciones de conservación.
- Registro de manipulación o reacondicionamiento (si lo hubiese).
- Informe de control sanitario (cuando sea aplicable).

La correcta documentación permite:

- Localizar un lote de forma inmediata.
- Determinar la fecha límite de consumo o de conservación.
- Demostrar el cumplimiento de la normativa ante una inspección.
- Analizar el historial del producto en caso de incidencia.

2.3. Ubicación de mercancías: métodos de colocación

Una vez que los productos pesqueros han sido recepcionados, clasificados y documentados, deben ser **ubicados** correctamente dentro del almacén. La ubicación de mercancías no es una acción aleatoria, sino una operación estratégica que influye directamente en la eficiencia operativa, la conservación adecuada del producto y la seguridad del personal y del alimento.

Fig. 9. Una colocación bien planificada reduce los tiempos de búsqueda y recogida, facilita la aplicación de métodos de rotación y minimiza el riesgo de errores en la preparación de pedidos o expediciones

Los **criterios** básicos que deben guiar la ubicación de productos pesqueros en cámaras o zonas de almacenamiento son:

- **Accesibilidad**: los productos de mayor rotación deben estar más cerca de las zonas de preparación o salida.
- **Compatibilidad**: separar productos según tipo, estado (fresco/congelado), elaboración y destino final.
- **Seguridad alimentaria**: prevenir contaminaciones cruzadas entre productos crudos y cocidos o entre especies incompatibles.
- **Estabilidad física**: evitar apilamientos inseguros, zonas húmedas o puntos calientes.

Anotación

Se deben evitar las ubicaciones directamente en el suelo. Es obligatorio almacenar sobre palés o estanterías elevadas, con una separación mínima de 10 cm respecto al suelo y 5 cm respecto a las paredes, para facilitar la ventilación y limpieza.

Existen distintos **métodos de colocación** en función de la estructura del almacén, el tipo de cámara frigorífica, la frecuencia de entrada/salida de productos y los recursos disponibles:

1. Colocación fija:
- o Cada producto tiene un espacio asignado de forma permanente.
- o Facilita la identificación rápida y evita confusiones.
- o Es útil para almacenes con productos estables y poco cambio de catálogo.

2. Colocación aleatoria controlada (dinámica):
- o Los productos se ubican según disponibilidad de espacio, pero se registra electrónicamente en el sistema de gestión.
- o Muy utilizada en grandes almacenes con flujo continuo y variedad de productos.
- o Requiere un buen sistema de trazabilidad y personal capacitado.

3. Colocación por zonas:
- o El almacén se divide en zonas por tipo de producto, temperatura de conservación, o estado (vivo, fresco, congelado).
- o Mejora la organización y facilita la planificación del espacio.

4. Colocación por rotación:
- o Se da prioridad a la disposición según fecha de caducidad o entrada.
- o Imprescindible para aplicar los principios FIFO (*First In, First Out*) o FEFO (*First Expired, First Out*).

Vocabulario

FIFO (*First In, First Out*): método de rotación de productos que asegura que los primeros lotes en entrar son los primeros en salir.
FEFO (*First Expired, First Out*): se prioriza la salida del lote con fecha de caducidad más próxima, independientemente del orden de entrada.

Para que cualquier método de colocación funcione correctamente, es fundamental implementar un sistema de **señalización clara** y **etiquetado normalizado**. Esto incluye:

- Etiquetas legibles en las estanterías o zonas de cámara (letras, colores, códigos QR).
- Mapas del almacén o planos visibles con códigos de ubicación.
- Utilización de *software* de gestión de almacén o registros manuales para anotar cada ubicación.

Además, en sistemas informatizados (ERP), el producto se asocia a una **ubicación exacta** (por ejemplo, CÁMARA 2 - ESTANTERÍA D - ALTURA 3), lo que permite consultar su localización desde cualquier terminal y evitar errores en la expedición o recuento.

La colocación debe respetar las condiciones físicas de la cámara o almacén:

Factor técnico	Recomendación
Temperatura estable.	Evitar zonas cercanas a puertas o evaporadores donde hay mayor oscilación térmica.
Humedad controlada.	No ubicar productos directamente debajo de zonas de condensación o goteo.
Circulación del aire.	Dejar espacio entre palés y evitar apilamientos cerrados.
Evitar obstrucciones.	No bloquear sensores, accesos, salidas de emergencia o pasillos.

Recuerda

Las Guías de buenas prácticas de almacenamiento publicadas por organismos como el Ministerio de Agricultura, Pesca y Alimentación o la AESAN incluyen esquemas recomendados de colocación y distribución de productos alimentarios en cámaras frigoríficas.

2.4. Condiciones generales de conservación

La **conservación** adecuada de los productos pesqueros es fundamental para garantizar su inocuidad, calidad sensorial y valor comercial hasta el momento de su transformación o venta.

El incumplimiento de las condiciones de conservación no solo puede provocar pérdidas económicas y mermas de producto, sino también suponer un riesgo para la salud pública, con posibles sanciones sanitarias y rechazo del lote.

Fig. 10. Al tratarse de alimentos altamente perecederos, pescados y mariscos deben almacenarse bajo condiciones ambientales y operativas estrictas, que eviten el desarrollo microbiano, la oxidación de lípidos y las alteraciones físicas

La eficacia de la conservación depende de una serie de **factores** interrelacionados, que deben mantenerse bajo control desde la recepción hasta la expedición del producto:

1. **Temperatura**: es el factor más determinante. Toda desviación por encima de los valores recomendados acelera la proliferación bacteriana.

2. **Humedad relativa**: debe ser elevada, especialmente en refrigeración, para evitar la deshidratación del producto.

3. **Tiempo de almacenamiento**: cada especie tiene una vida útil limitada, incluso bajo frío.

4. **Estado del producto**: los pescados eviscerados o fileteados tienen menor durabilidad que los enteros.

5. **Higiene del entorno**: superficies, estanterías y equipos deben mantenerse en condiciones óptimas para evitar contaminaciones.

 Anotación

La vida útil de un producto se ve reducida drásticamente si se rompe la cadena de frío. Por ejemplo, un pescado refrigerado a 4 °C puede deteriorarse en 3 días, mientras que a 0 °C puede conservarse hasta 7 días.

A continuación, se resumen las condiciones más habituales recomendadas para cada tipo de producto pesquero:

Tipo de producto	Temperatura recomendada	Humedad relativa	Observaciones prácticas
Pescado fresco entero.	0 °C a +2 °C	90–95 %	Almacenar en hielo picado, renovado regularmente.
Pescado eviscerado/fileteado.	0 °C a +2 °C	90–95 %	Mayor susceptibilidad a la contaminación.
Crustáceos y moluscos vivos.	4 °C a +8 °C	85–90 %	Mantener en condiciones que permitan su supervivencia.
Producto congelado.	−18 °C o inferior	N/A	Sin oscilaciones térmicas. Evitar escarcha.
Elaborados refrigerados.	0 °C a +4 °C	85–90 %	Especial vigilancia microbiológica.

Vocabulario

Vida útil: periodo durante el cual un alimento mantiene sus características microbiológicas, físicas y sensoriales en condiciones adecuadas de conservación.

Para garantizar la eficacia de la conservación, deben establecerse **protocolos** de trabajo y realizar verificaciones periódicas:

- Limpieza y desinfección periódica de cámaras y estanterías.
- Control documental de temperatura y humedad, mediante registros automáticos o manuales.
- Rotación de productos con aplicación estricta del sistema FIFO o FEFO.
- Inspección visual y olfativa de los productos almacenados, especialmente en mercancías con mayor tiempo en cámara.
- Revisión del estado de los envases: detectar posibles fugas, condensaciones o daños por apilamiento.

Por otro lado, el uso de hielo como medio de conservación tradicional sigue siendo habitual en productos frescos. Las **buenas prácticas** en este sistema incluyen:

- Renovar el hielo al menos una vez al día.
- Asegurar que el producto no flote ni quede sumergido en agua.
- Utilizar hielo triturado o en escamas, ya que proporciona una cobertura más eficiente.
- Aplicar capas alternas de hielo y producto si se almacenan en cajas apiladas.

Aunque eficaz, este método requiere **monitoreo continuo** y espacios refrigerados para mantener el rendimiento térmico del hielo.

Si durante el almacenamiento se detectan condiciones inadecuadas (por ejemplo, subida de temperatura, humedad excesiva, olor extraño), deben aplicarse las siguientes **medidas**:

1. Aislar el producto afectado.
2. Verificar su aptitud mediante inspección sensorial y, si es necesario, análisis microbiológico.
3. Registrar la incidencia en el sistema de calidad.
4. Comunicar al responsable de seguridad alimentaria para evaluación.
5. Si procede, retirar o destruir el lote afectado siguiendo el protocolo de residuos.

Por todo lo anterior, las condiciones generales de conservación no se limitan a mantener frío el producto: implican una gestión integral basada en la vigilancia continua, la higiene, la documentación y la aplicación de medidas correctoras rápidas. Cumplir con estos criterios es imprescindible para garantizar que los pescados y mariscos lleguen al consumidor en óptimas condiciones sanitarias y comerciales.

3. Caracterización del control de almacén de pescados y mariscos

El **control de almacén** constituye un conjunto de procesos orientados a garantizar la gestión eficiente de existencias, la integridad documental de las operaciones y la trazabilidad de los productos pesqueros. Este control se traduce en acciones como el seguimiento de entradas y salidas, la ejecución de inventarios, la gestión de devoluciones y la monitorización de las condiciones de conservación.

Además de sus funciones logísticas, el control de almacén está íntimamente relacionado con la seguridad alimentaria, ya que permite detectar desviaciones, prevenir errores de manipulación o distribución y responder con eficacia ante incidencias. Las herramientas tecnológicas, como los sistemas ERP o los dispositivos de lectura de códigos y etiquetas, se han convertido en elementos clave para optimizar este proceso, automatizando tareas y reduciendo los márgenes de error.

3.1. Legislación y normativa de almacenamiento

El almacenamiento de productos pesqueros está sujeto a un estricto marco normativo que regula todos los aspectos técnicos y sanitarios que deben cumplirse para garantizar la seguridad alimentaria, la calidad del producto y la protección del consumidor. Esta normativa abarca desde la temperatura y las condiciones ambientales, hasta las exigencias en trazabilidad, documentación y responsabilidad empresarial.

Fig. 11. El incumplimiento de las disposiciones puede suponer sanciones administrativas, el cierre del establecimiento, la retirada de productos del mercado o, en casos graves, consecuencias legales por poner en riesgo la salud pública

El almacenamiento de alimentos de origen animal, y en particular de pescados y mariscos, se regula principalmente a través del **Paquete Higiene** de la Unión Europea, formado por un conjunto de reglamentos de aplicación directa en todos los Estados miembros:

Los **reglamentos** clave son los siguientes:

- **Reglamento (CE) n.º 852/2004**: establece los requisitos generales de higiene para todos los alimentos. Es aplicable a todas las fases de la cadena alimentaria, incluyendo el almacenamiento.
- **Reglamento (CE) n.º 853/2004**: establece normas específicas de higiene para los alimentos de origen animal. Detalla las condiciones de conservación, manipulación y trazabilidad de productos pesqueros.
- **Reglamento (CE) n.º 178/2002**: fija los principios generales de la legislación alimentaria, incluyendo la trazabilidad, la retirada de productos inseguros y la responsabilidad del operador alimentario.
- **Reglamento (UE) 2019/627**: regula los controles oficiales realizados por las autoridades sanitarias en establecimientos que manipulan productos de origen animal.

Vocabulario

Operador alimentario: persona física o jurídica responsable de asegurar que se cumplen los requisitos de la legislación alimentaria en las actividades que controla.

En el contexto del almacenamiento de productos pesqueros, la normativa exige el cumplimiento de requisitos concretos relacionados con:

Aspecto regulado	Exigencia normativa según Reglamento (CE) 853/2004 (Anexo III, Sección VIII)
Temperatura de conservación	El pescado fresco debe mantenerse a temperatura próxima a la del hielo fundente; el congelado a −18 °C o menos.
Infraestructura de cámaras	Las instalaciones deben permitir una refrigeración adecuada, evitar contaminaciones cruzadas y facilitar la limpieza.
Manipulación	Solo debe realizarse en condiciones higiénicas, minimizando el tiempo fuera de refrigeración.
Separación de productos	Deben almacenarse separados los productos cocidos, crudos y no conformes.
Trazabilidad	Cada lote debe poder rastrearse desde su origen hasta el destino final (proveedor – operador – cliente).

Anotación

Según la legislación, los productos no conformes (por ejemplo, deteriorados o con sospecha de alteración) deben aislarse físicamente y señalizarse, evitando su contacto con otros alimentos.

En España, la legislación europea se complementa con normativa nacional y autonómica. Destacan:

- **Ley 17/2011, de seguridad alimentaria y nutrición**, que refuerza la responsabilidad de los operadores en todos los eslabones de la cadena.
- **Real Decreto 640/2006**, que regula la producción y comercialización de productos de la pesca y acuicultura.
- **Normativas autonómicas** sobre sanidad alimentaria y condiciones higiénicas en establecimientos de transformación y distribución.

Los **controles oficiales** son realizados por los servicios de inspección veterinaria de las comunidades autónomas. Estas autoridades verifican el cumplimiento de:

- Condiciones ambientales de las cámaras.
- Higiene estructural y documental.
- Registros de temperatura y trazabilidad.
- Formación del personal.

El operador alimentario (empresa, almacén, distribuidor o pescadería) debe aplicar sistemas de autocontrol basados en los principios del **APPCC (Análisis de Peligros y Puntos de Control Críticos)**. Este sistema permite:

- Identificar riesgos específicos durante el almacenamiento.
- Definir medidas preventivas y correctoras.
- Establecer límites críticos (por ejemplo, temperatura máxima).
- Documentar y registrar todas las acciones realizadas.

Además, el establecimiento debe disponer de un **Plan de Higiene** que incluya:

- Limpieza y desinfección de cámaras.
- Control de plagas.
- Mantenimiento preventivo de instalaciones.
- Formación continua del personal en higiene alimentaria.

3.2. Documentación interna

La **documentación interna** constituye la base del sistema de gestión en un almacén de productos pesqueros. A través de registros claros, actualizados y verificables, permite controlar cada movimiento del producto desde su recepción hasta su expedición, así como mantener la **trazabilidad**, el cumplimiento de la normativa sanitaria y la eficacia operativa del centro.

Fig. 12. La normativa exige que todos los procesos que afecten a productos alimentarios estén debidamente documentados y conservados durante un periodo mínimo, accesibles en caso de inspección y auditables en todo momento

Una buena gestión documental garantiza:

- La trazabilidad completa del producto, hacia atrás (proveedor y lote) y hacia adelante (cliente o proceso de destino).
- El cumplimiento normativo en materia sanitaria y de calidad.
- La estandarización de los procesos internos, reduciendo errores y aumentando la eficiencia.
- La toma de decisiones fundamentadas, gracias al análisis de datos registrados (rotación de *stock*, incidencias, temperaturas, etc.).

 Anotación

La documentación puede ser manual (en papel) o digital, siempre que sea fiel, verificable, segura y fácilmente accesible. En muchos almacenes se emplean sistemas ERP (*Enterprise Resource Planning*) para integrar todos los registros.

En un almacén de pescados y mariscos deben mantenerse, como mínimo, los siguientes documentos internos:

Tipo de documento	Función principal
Registro de recepción	Verifica el lote recibido, el proveedor, su estado y temperatura.
Ficha de ubicación	Indica dónde se almacena el lote, en qué cámara, y bajo qué condiciones.
Registro de temperaturas	Controla que las cámaras cumplen los rangos establecidos.
Registro de movimientos internos	Detalla los traslados entre zonas del almacén o hacia líneas de producción.
Hoja de control de existencias	Refleja el *stock* disponible, las rotaciones, entradas y salidas.
Ficha de producto no conforme	Identifica lotes sospechosos o deteriorados, su causa y su ubicación aislada.
Orden de expedición interna	Documenta la entrega de productos a otros departamentos o áreas productivas.
Informe de mantenimiento	Registra las revisiones, limpieza y posibles incidencias de las cámaras.

Vocabulario

Producto no conforme: aquel que no cumple con los requisitos de calidad o seguridad alimentaria, ya sea por alteración, contaminación o fallo documental.

Cada tipo de documento debe incluir ciertos campos obligatorios. Por ejemplo, en un registro de entrada:

- Fecha y hora de recepción.
- Proveedor.
- Producto y presentación.
- Número de lote.
- Temperatura de entrada.
- Estado general del producto (visual y olfativo).
- Nombre y firma del operario receptor.

Y en un control de *stock*:

- Fecha del registro.
- Ubicación actual del lote.
- Cantidad exacta (kg o unidades).

- Fecha de entrada y consumo preferente.
- Observaciones de calidad o incidencias.

La obligación de mantener documentación interna está respaldada por distintos reglamentos europeos:

- **Reglamento (CE) n.º 178/2002**: impone la trazabilidad como principio básico de la seguridad alimentaria.
- **Reglamento (CE) n.º 852/2004**: establece la necesidad de llevar registros de todas las operaciones que influyan en la higiene y conservación.
- **Reglamento (CE) n.º 853/2004**: refuerza la exigencia documental específica para productos de origen animal.

Además, las empresas están obligadas a conservar la documentación durante al menos cinco años si se trata de productos congelados o con larga vida útil, y durante la vida útil más un margen adicional si son productos frescos.

Anotación

Las auditorías internas o externas (por parte de autoridades sanitarias o clientes) suelen comenzar revisando la documentación. Una documentación mal organizada, incompleta o ilegible puede invalidar todo un sistema APPCC, aunque el producto esté en buen estado.

Por último, algunas **buenas prácticas** en la gestión documental son:

- **Normalización de formatos**: usar plantillas comunes para facilitar el registro y la lectura.
- **Formación del personal**: todos los trabajadores deben saber rellenar correctamente cada documento.
- **Revisión periódica**: establecer responsables que verifiquen los registros cada día o semana.
- **Digitalización progresiva**: si es viable, incorporar sistemas informáticos que faciliten el archivo y la trazabilidad cruzada.

Recuerda

La documentación interna no es un mero trámite administrativo, sino una herramienta estratégica para controlar los procesos, garantizar la seguridad alimentaria y dar respuesta rápida ante cualquier incidencia o inspección. Un sistema documental bien estructurado es sinónimo de profesionalidad y cumplimiento.

3.3. Registros de entradas y salidas

Los **registros de entradas y salidas** son herramientas clave para el control operativo, documental y sanitario en un almacén de productos del mar. Su correcta gestión permite mantener un seguimiento preciso del flujo de mercancías, asegurar la trazabilidad de cada lote, prevenir errores logísticos y responder ante auditorías o incidencias sanitarias.

Estos registros deben estar actualizados en tiempo real, ya sea de forma manual o automatizada, y coordinados con los procesos de recepción, almacenamiento, preparación de pedidos y expedición.

Fig. 13. Los registros son esenciales tanto para almacenes de productos frescos como congelados

Los registros de entradas y salidas permiten:

- Controlar el movimiento físico del producto dentro del almacén.
- Determinar el estado del *stock* en cada momento.
- Garantizar la rotación adecuada de los productos (FIFO/FEFO).
- Identificar rápidamente un lote en caso de alerta sanitaria.
- Prevenir pérdidas, caducidades o rupturas de *stock*.

Anotación

Toda entrada o salida debe estar documentada con hora, fecha, cantidad, lote y operario responsable, permitiendo reconstruir el historial completo del producto.

Ya sea en soporte físico o digital, cada registro de entrada o salida debe incluir, al menos, los siguientes campos:

Campo	Descripción
Fecha y hora.	Día y hora exacta de la operación.
Tipo de movimiento.	Entrada o salida.
Producto.	Especie, formato, estado (fresco, congelado, etc.).
Número de lote.	Identificador único del lote.
Cantidad.	En kilos, unidades o bultos.
Ubicación inicial y final.	Zona de cámara, estantería, línea de producción, etc.
Destino o procedencia.	En caso de entrada: proveedor / En caso de salida: cliente interno o externo.
Nombre y firma del operario.	Responsable de registrar y ejecutar la operación.

Se pueden clasificar los movimientos en distintas categorías, según su origen y destino:

- **Entradas:**
  - Recepción de proveedores: entrada principal del producto en el sistema.
  - Reingreso por devolución de línea de producción (producto no conforme o sobrante).
  - Traslado desde otro almacén (almacenamiento intermedio o retorno).

- **Salidas:**
  - o Expedición a cliente o punto de venta.
  - o Entrega a línea de producción o elaboración.
  - o Baja por merma, caducidad o producto no conforme.

Merma: pérdida de peso o cantidad de producto como consecuencia de procesos físicos (goteo, evaporación, manipulación), especialmente relevante en pescados frescos.

Los registros de entradas y salidas deben estar integrados con el resto de los sistemas de control del almacén, especialmente:

- **Inventario**: para ajustar automáticamente el *stock* tras cada movimiento.
- **Trazabilidad**: para vincular cada registro a su historial completo (desde la recepción hasta la expedición).
- **ERP o *software* logístico**: cuando se emplea gestión digital.

La Norma UNE-EN ISO 22000:2018, sobre sistemas de gestión de la inocuidad alimentaria, considera la documentación de entradas y salidas como una evidencia crítica para garantizar el control del sistema.

Fig. 14. En instalaciones avanzadas, los registros se realizan mediante lectores de código de barras o RFID, que reducen errores y permiten la identificación automática de lotes y ubicaciones

 **Ejemplo**

Una empresa recibe 200 kg de sardina fresca, que almacena en la cámara 1, estantería B2. Posteriormente, 100 kg se trasladan a la sala de eviscerado.

Registro de entrada:

- Fecha: 12/06/2025
- Producto: Sardina fresca entera
- Lote: SAR-120625
- Cantidad: 200 kg
- Procedencia: Proveedor X
- Ubicación: Cámara 1 - Est. B2
- Operario: L. Fernández

Registro de salida interna:
- Fecha: 13/06/2025
- Lote: SAR-120625
- Producto: Sardina fresca
- Cantidad: 100 kg
- Destino: Sala de eviscerado
- Operario: M. Ortega

Este tipo de trazabilidad permite identificar qué parte del lote fue transformada y qué parte continúa en almacenamiento, lo que facilita la planificación y el control.

Finalmente, en la **gestión de registros** se debe:

- Establecer protocolos estandarizados de registro para todo el personal.
- Validar los datos registrados a diario o por turno.
- Realizar auditorías internas periódicas sobre los movimientos reales y los documentados.
- Aplicar códigos únicos de lote y ubicación, evitando duplicidades.
- Mantener la documentación archivada y disponible durante el periodo legal correspondiente.

3.4. Control de existencias. Inventarios

El control de existencias es una función esencial en todo almacén, especialmente en el sector pesquero, donde los productos son perecederos, delicados y sujetos a exigencias sanitarias estrictas. Mantener un control eficaz del inventario permite evitar pérdidas económicas, asegurar la rotación adecuada de productos, facilitar la trazabilidad completa y garantizar el cumplimiento normativo.

Fig. 15. Los inventarios son los instrumentos que permiten conocer en todo momento el estado real de las existencias: qué productos hay, en qué cantidad, dónde están ubicados y en qué condiciones se encuentran

El **control de *stock*** no se limita a contar productos. Su propósito es:

- Evitar roturas de *stock*, especialmente en productos de alta rotación.
- Detectar desviaciones entre el *stock* teórico y el *stock* real.

- Prevenir caducidades y mermas por mala gestión.
- Planificar la reposición de productos de forma racional y eficiente.
- Cumplir con la legislación vigente sobre trazabilidad y seguridad alimentaria.

Anotación

En el sector pesquero, donde los márgenes de tiempo y temperatura son críticos, un error en el control de existencias puede traducirse en la pérdida total de un lote en pocas horas.

Existen distintas formas de realizar inventarios según el tipo de almacén y la operativa diaria. Las más comunes son:

Tipo de inventario	Características principales
Permanente o continuo.	Registro constante y actualizado en tiempo real de entradas y salidas.
Periódico.	Recuento manual completo en intervalos fijos (mensual, trimestral, anual).
Cíclico.	Revisión por grupos de productos o zonas, rotando de forma planificada.
Extraordinario.	Recuento puntual ante auditorías, cambios de turno, sospechas o incidencias.

Vocabulario

Inventario cíclico: sistema de recuento parcial y rotativo del almacén que permite mantener el control sin paralizar la actividad.

Un inventario eficaz se desarrolla en varias **fases** coordinadas:

1. **Preparación**: se delimitan las zonas, productos y fechas. Se bloquean temporalmente entradas/salidas si es necesario.
2. **Recuento físico**: el personal autorizado verifica las cantidades reales en cámaras, estanterías y zonas de paso.

3. **Contraste con el *stock* teórico**: se comparan los datos físicos con los que figuran en el sistema informático o registros manuales.

4. **Análisis de desviaciones**: se investigan las diferencias encontradas (errores de registro, merma, pérdidas, robo).

5. **Corrección de datos**: se ajustan los registros oficiales al *stock* real.

6. **Informe final**: se elabora un resumen con resultados, causas de incidencias y medidas correctoras.

Dependiendo del nivel tecnológico del almacén, pueden utilizarse **herramientas** manuales o digitales:

- **Hojas de cálculo** (Excel): útiles para pequeños almacenes, con plantillas predefinidas.
- **Sistemas ERP**: permiten control automatizado de existencias, alertas de *stock* mínimo, caducidades, rotación.
- **Sistemas de lectura por código de barras o RFID**: agilizan el registro y reducen el error humano.
- **Paneles de control** o *dashboards*: ofrecen una visión global y visual del estado del almacén.

Anotación

El uso de sistemas ERP integrados (como SAP, SAGE o Microsoft Dynamics) permite a empresas alimentarias controlar inventarios en tiempo real, optimizar pedidos y cumplir con auditorías externas con trazabilidad completa.

Para evaluar la eficacia de la **gestión** de existencias, se emplean indicadores clave (KPI), tales como:

- **Nivel de rotación de *stock*** = Consumo medio / *Stock* medio.
- **Índice de caducidad** = Unidades caducadas / Total de unidades almacenadas.
- **Tasa de ruptura de *stock*** = Pedidos no servidos / Total de pedidos solicitados.

- **Diferencia de inventario (%)** = (*Stock* teórico – *stock* real) / *stock* teórico × 100.

Estos datos permiten tomar decisiones informadas y aplicar mejoras continuas.

Por último, algunas buenas prácticas de inventariado son las siguientes:

- Realizar recuentos fuera de horas pico, sin interferencias con la operativa.
- Etiquetar correctamente cada lote y ubicación.
- Contar con personal formado, conocedor del producto y los procedimientos.
- Cruzar datos con documentos de recepción y expedición para confirmar movimientos.
- Registrar no solo cantidades, sino condiciones del producto (descongelación, escarcha, olores).

Recuerda

El control de existencias mediante inventarios bien gestionados es un pilar para el éxito logístico, económico y sanitario de cualquier empresa pesquera. No solo permite conocer el "qué" y el "cuánto", sino también el "dónde", el "cómo" y el "en qué estado". Un inventario actualizado no es una opción, sino una exigencia legal, sanitaria y empresarial.

3.5. Etiquetado y Trazabilidad

El **etiquetado** y la **trazabilidad** son dos pilares fundamentales en la gestión de productos pesqueros. Ambos conceptos están directamente vinculados con la seguridad alimentaria, la información al consumidor, el cumplimiento normativo y la capacidad del operador de localizar y aislar un lote en caso de alerta sanitaria. En un almacén de pescados y mariscos, su correcta implementación es una obligación legal y una garantía operativa.

Fig. 16. Mientras que el etiquetado actúa como el soporte físico de la información, la trazabilidad abarca la capacidad de seguir el rastro del producto en toda la cadena alimentaria: desde su captura o cultivo hasta su consumo final

El etiquetado de productos pesqueros debe proporcionar **información** clara, veraz, visible y permanente. En función del tipo de producto (fresco, congelado, envasado o a granel), existen distintas exigencias, especialmente reforzadas por la legislación europea.

La información obligatoria según el Reglamento (UE) n.º 1379/2013 (art. 35-39) es:

Dato obligatorio en etiqueta del producto pesquero	Detalle exigido
Denominación comercial.	Nombre autorizado (ej. "merluza").
Nombre científico.	Nombre latino (ej. *Merluccius merluccius*).
Método de producción.	Pesca extractiva, acuicultura o capturado en aguas interiores.
Zona de captura o producción.	Zona FAO (ej. FAO 27 - Atlántico Noreste).
Arte de pesca (opcional pero recomendado).	Ej. "red de arrastre", "palangre", "trampas".
Estado del producto.	Refrigerado, congelado, descongelado.
Fecha de captura o envasado (según el caso).	Para determinar su frescura y trazabilidad.
Peso neto.	En kilos o gramos.
Lote o código de identificación.	Indispensable para la trazabilidad.

 **Vocabulario**

Zona FAO: áreas establecidas por la Organización de las Naciones Unidas para la Alimentación y la Agricultura (FAO) que permiten identificar la procedencia geográfica de los productos marinos.

En el contexto del almacenamiento, pueden emplearse distintas etiquetas según el momento del proceso y el formato del producto:

- **Etiquetas logísticas**: para cajas, palés o contenedores. Incluyen lote, peso, ubicación, fecha de entrada.
- **Etiquetas comerciales**: orientadas al cliente final. Incorporan todos los datos legales.
- **Etiquetas internas**: para control del almacén. Suelen incluir códigos de barras o QR y referencias internas.

En sistemas informatizados, estas etiquetas se generan automáticamente desde el ERP o el sistema de gestión de almacén.

Por su parte, la **trazabilidad** permite conocer en todo momento dónde ha estado un producto, qué ha ocurrido con él y a dónde ha ido. Se basa en un conjunto de registros documentales, tanto físicos como digitales, que deben mantenerse actualizados.

Según el **Reglamento (CE) n.º 178/2002**, la trazabilidad debe ser:

- **Hacia atrás**: identificar de dónde viene un producto (proveedor, zona de pesca, fecha de captura).
- **Interna**: conocer su recorrido dentro del almacén o empresa (entrada, ubicación, movimientos, manipulación).
- **Hacia adelante**: saber a quién se ha entregado, en qué fecha y con qué documentación.

Anotación

La trazabilidad también permite llevar a cabo una retirada selectiva y eficaz de un lote en caso de alerta alimentaria, minimizando el impacto económico y sanitario.

Herramientas para la trazabilidad son:

- **Registros de recepción**: identifican el origen del lote y sus condiciones de entrada.
- **Sistemas de codificación**: a través de lotes, fechas y etiquetas con códigos únicos.
- **Software ERP o SGA**: que registra cada movimiento interno del producto.
- **Documentación de expedición**: que enlaza el producto final con el cliente o punto de destino.

En empresas que trabajan con gran volumen de producto, el uso de **códigos QR, códigos de barras o RFID** permite automatizar el seguimiento del producto y evitar errores humanos.

Un ejemplo de ciclo completo de trazabilidad puede ser el siguiente:

1. **Recepción**: se recibe 1.000 kg de pulpo congelado, lote PUL-100624, procedente de FAO 34 (Atlántico Centro Oriental).
2. **Ubicación**: el lote se almacena en la cámara 2, estantería A4, a −20 °C.
3. **Preparación**: se reacondicionan 400 kg en bolsas de 2 kg y se etiquetan para cliente mayorista.
4. **Expedición**: el día 15/06, se entrega el lote fraccionado con albarán y etiqueta comercial con toda la información exigida.

Mediante los registros internos y las etiquetas aplicadas, es posible seguir el rastro de cualquier bolsa hasta el barco o planta donde fue capturado o procesado.

Por último, resulta importante recordar algunas **consideraciones** vitales en etiquetado y trazabilidad:

- Verificar que cada lote está correctamente identificado desde su entrada.
- Formar al personal en correcta lectura e interpretación de etiquetas.
- Mantener los registros durante al menos cinco años o el plazo exigido según el producto.
- Evitar reutilizar etiquetas o alterar manualmente los códigos impresos.

- Establecer un procedimiento de retirada rápida de producto en caso de alerta.

3.6. Requerimientos y exigencias a los procesos de envasado

El **envasado de productos pesqueros** es una etapa clave que influye directamente en la conservación, la seguridad alimentaria, la trazabilidad y la presentación comercial del producto. No se trata únicamente de una operación logística, sino de un proceso técnico que debe cumplir con requisitos higiénico-sanitarios, estructurales y documentales, definidos por la normativa vigente.

Fig. 17. En función del tipo de producto (fresco, cocido, congelado, vivo o transformado), se aplicarán sistemas de envasado distintos y se exigirá un nivel diferente de control

El **envasado** no solo sirve para contener el producto. Tiene una serie de funciones clave:

- Preservar la calidad y frescura del alimento.
- Proteger frente a contaminaciones físicas, químicas o biológicas.
- Evitar pérdidas por goteo, deshidratación o exposición al aire.
- Facilitar la manipulación, el transporte y la exhibición del producto.
- Transmitir información obligatoria mediante el etiquetado.

Anotación

Un mal envasado puede ser tan perjudicial como una rotura en la cadena de frío. Si el envase no aísla correctamente el producto, puede acelerarse la oxidación de lípidos, la proliferación bacteriana o la pérdida de propiedades sensoriales.

Los **envases más comunes** en la industria pesquera dependen del estado del producto:

Tipo de producto	Tipo de envase habitual
Pescado fresco.	Bandejas con film, cajas de poliestireno con hielo.
Productos congelados.	Bolsas termoencogibles, cajas cerradas herméticamente.
Marisco cocido.	Barquetas termoselladas, bandejas con atmósfera modificada.
Pescado fileteado o en lomos.	Envases al vacío, bolsas *flow pack*.
Marisco vivo.	Redes, sacos húmedos, cajas ventiladas.

Vocabulario

Atmósfera modificada: técnica de conservación en la que el aire del envase se sustituye por una mezcla controlada de gases (como oxígeno, dióxido de carbono y nitrógeno) que alarga la vida útil del alimento.

Los procesos de envasado deben cumplir con los requisitos establecidos por el **Paquete Higiene** (especialmente el Reglamento (CE) n.º 852/2004 y el Reglamento (CE) n.º 853/2004), así como por normas específicas sobre materiales en contacto con alimentos.

Algunos **requisitos** técnicos y sanitarios son:

- El envasado debe realizarse en condiciones higiénicas controladas y por personal formado.
- Debe garantizarse que el envase no altere las propiedades del alimento ni transmita sustancias nocivas.

- Los materiales deben ser aptos para uso alimentario, estar certificados y almacenados en condiciones higiénicas.
- No deben reutilizarse envases que no estén específicamente diseñados para ello.
- El sistema de cierre debe ser seguro, estable y garantizar la integridad del producto hasta su apertura.

El Reglamento (UE) n.º 10/2011 regula los materiales plásticos en contacto con alimentos, mientras que la Directiva 94/62/CE establece requisitos sobre envases y residuos de envases, incluyendo el diseño ecológico y la posibilidad de reciclaje.

Para asegurar la eficacia del envasado y su conformidad con los estándares de calidad y seguridad, deben aplicarse **sistemas de control** durante todo el proceso:

1. Verificación de limpieza de la maquinaria y zona de envasado.
2. Revisión del estado de los envases (sin roturas, deformaciones, humedad).
3. Control de pesos y volúmenes durante el llenado.
4. Inspección del cierre (hermeticidad, sellado correcto).
5. Etiquetado conforme a la normativa vigente.
6. Registro documental de cada lote envasado, con hora, operario, producto y condiciones.

En muchos centros se implementan **sistemas APPCC** específicos para el área de envasado, con puntos críticos como la contaminación cruzada o el uso incorrecto del material de envasado.

Varias buenas **prácticas de envasado** son:

- Mantener los envases alejados de fuentes de calor, humedad o polvo.
- Etiquetar inmediatamente tras el envasado, para evitar errores de trazabilidad.
- Evitar el contacto directo del alimento con superficies no desinfectadas.

- Cambiar los guantes del operario si manipula diferentes tipos de productos.
- Establecer un protocolo de verificación del primer envase de cada lote (prueba de sellado, peso y etiquetado).

Recuerda

El proceso de envasado no debe entenderse como una tarea menor, sino como una operación estratégica que protege la seguridad del producto, asegura el cumplimiento legal y mejora la presentación ante el cliente. Su control adecuado requiere formación, higiene, tecnología y registro. El envase es, en muchos casos, el último eslabón antes de que el producto llegue al consumidor: por eso, debe estar diseñado y gestionado con el mismo rigor que todo el sistema de producción y almacenamiento.

3.7. Procesos de devoluciones y gestión de residuos

En la actividad diaria de un almacén de productos de la pesca, es inevitable la aparición de **incidencias**, tanto con mercancías que deben devolverse como con residuos generados por la propia operativa. La correcta gestión de estas situaciones es fundamental para evitar riesgos higiénico-sanitarios, garantizar la trazabilidad y cumplir con las obligaciones legales y medioambientales.

Los procesos de devolución se activan ante productos no conformes, errores logísticos, daños físicos o deterioro.

Ambos procesos deben estar regulados por **procedimientos escritos**, integrados en el sistema de autocontrol de la empresa.

Fig. 18. La gestión de residuos incluye desde restos de producto no apto hasta envases contaminados o subproductos

Las devoluciones pueden clasificarse en función de su causa:

Tipo de devolución	Causa habitual
Devolución a proveedor.	Producto en mal estado al llegar, errores en cantidad o especie.
Devolución interna.	Sobrantes de producción, errores en la preparación del pedido.
Devolución de cliente.	Producto rechazado en punto de venta, error en etiquetado o caducidad.

El **procedimiento** general es:

1. Identificación del producto: especie, lote, fecha de recepción.
2. Aislamiento inmediato del producto afectado en zona señalizada.
3. Registro documental de la no conformidad y motivo de devolución.
4. Evaluación por el responsable de calidad o almacén.
5. Decisión de destino: devolución, reproceso, destrucción.
6. Transporte bajo condiciones controladas si procede.

Anotación

Si el producto en devolución presenta indicios de alteración o riesgo sanitario, debe ser tratado como residuo no apto para consumo humano, incluso si no ha salido de las instalaciones.

La gestión de residuos es una obligación tanto sanitaria como medioambiental. Los residuos generados en un almacén de pescados y mariscos pueden ser:

Tipo de residuo	Ejemplo	Tratamiento recomendado
Orgánicos no comestibles.	Restos de pescado deteriorado, marisco no conforme.	Destrucción controlada o derivación a subproducto.
Envases contaminados.	Cajas con restos orgánicos, film usado, hielo con fluidos.	Contenedor específico y recogida por gestor autorizado.
Plásticos y cartones limpios.	Embalajes exteriores no contaminados.	Reciclaje (contenedores diferenciados).
Residuos especiales.	Productos de limpieza, envases de desinfectantes.	Punto de recogida selectiva.

Vocabulario

Gestor autorizado de residuos: empresa o entidad inscrita oficialmente para el transporte y tratamiento de residuos peligrosos o no peligrosos, conforme a la normativa vigente.

La gestión de residuos y devoluciones debe cumplir con dos marcos normativos principales:

- **Normativa sanitaria**:
  o Reglamento (CE) n.º 852/2004: limpieza, separación de zonas, control de productos no conformes.
  o Reglamento (CE) n.º 1069/2009: normas sanitarias aplicables a subproductos animales no destinados al consumo humano (SANDACH).

- **Normativa ambiental**:
  o Ley 7/2022, de residuos y suelos contaminados para una economía circular (España).
  o Real Decreto 553/2020: traslado de residuos.

Todos los movimientos de residuos deben quedar **documentados** mediante hojas de control, albaranes de retirada, certificados de tratamiento o destrucción, y firmados por gestor autorizado.

Anotación

En el caso de los SANDACH, es obligatorio contar con un registro de subproductos, manteniendo separados los residuos de categoría 1 (riesgo sanitario alto) y los de categoría 3 (material no contaminado, pero no apto para consumo).

Algunas **prácticas** operativas que se deben considerar son:

- Disponer de zonas específicas y señalizadas para productos no conformes y residuos.
- Establecer un circuito separado de los productos aptos para evitar contaminaciones cruzadas.
- Aplicar sistemas de codificación para residuos (etiquetas, colores).
- Formación del personal sobre los protocolos de actuación, uso de EPIs y manipulación segura.
- Contratar gestores de residuos inscritos y certificados, con trazabilidad documental.

3.8. Aplicaciones informáticas al control de almacén. ERP

El uso de **aplicaciones informáticas especializadas** ha transformado la gestión de los almacenes de productos pesqueros, permitiendo mayor precisión, trazabilidad, eficiencia y control en tiempo real. Entre estas herramientas, los **ERP (*Enterprise Resource Planning*)** destacan por integrar todas las áreas funcionales del almacén en un sistema único: entradas, salidas, ubicación, inventario, trazabilidad, pedidos, etiquetado y control de calidad.

Fig. 19. En un entorno tan exigente como el de los productos del mar contar con una solución informática bien configurada no solo optimiza el trabajo, sino que se convierte en un requisito operativo y legal

Un **ERP (sistema de planificación de recursos empresariales)** es una plataforma informática que permite gestionar de forma centralizada e interconectada todos los procesos clave de una empresa. En el ámbito del almacén, un ERP:

- Coordina el movimiento de mercancías.
- Controla el *stock* en tiempo real.
- Genera automáticamente registros, informes y etiquetas.
- Se conecta con sistemas de trazabilidad, contabilidad, compras y ventas.
- Aumenta la fiabilidad y rapidez en la toma de decisiones.

Vocabulario

WMS (*Warehouse Management System*): módulo específico dentro de un ERP o aplicación independiente para la gestión avanzada de almacenes (ubicaciones, *picking*, entradas, salidas y ubicaciones automáticas).

Un ERP adaptado a la industria alimentaria y pesquera debe cubrir las siguientes funcionalidades específicas:

Funcionalidad	Utilidad en almacén pesquero
Gestión de entradas.	Registro automatizado de producto, lote, proveedor, temperatura.
Ubicación automática.	Asignación inteligente de cámaras y estanterías según producto.
Control de temperaturas y caducidades.	Alertas por desviaciones, productos próximos a fecha límite.
Inventario en tiempo real.	Visibilidad exacta del *stock* disponible por tipo, estado o ubicación.
Trazabilidad completa.	Identificación de la ruta del producto (origen, tránsito, destino).
Generación de etiquetas.	Impresión automática con información legal y comercial.
Gestión de devoluciones y residuos.	Registro de incidencias, salidas no conformes y SANDACH.
Integración con básculas y sensores.	Automatización del pesaje y control de condiciones ambientales.

Anotación

Muchos ERP permiten la gestión por terminal móvil (PDA o *tablet*), lo que facilita al operario registrar movimientos directamente desde el almacén, sin necesidad de ordenador fijo.

Las **ventajas** del uso de ERP en almacenes pesqueros son:

- **Trazabilidad inmediata**: permite localizar un lote con solo escanear su código.
- **Reducción de errores humanos**: minimiza registros manuales, confusiones de lote o ubicación.
- **Ahorro de tiempo**: automatiza procesos como el inventariado, el etiquetado o los pedidos internos.
- **Cumplimiento normativo**: garantiza el mantenimiento de registros exigidos por la legislación.
- **Mejor planificación logística**: favorece la rotación de productos, la previsión de pedidos y la optimización del espacio.

Para **implantar** correctamente un ERP o WMS en un almacén de productos pesqueros es necesario:

- Adaptar la aplicación a las características específicas del producto (lote, frescura, formatos).
- Contar con una infraestructura conectada: red Wi-Fi, terminales móviles, lectores de códigos, balanzas conectadas.
- Formar adecuadamente al personal en el uso del sistema.
- Diseñar un protocolo de digitalización de registros que sustituya (o complemente) a los documentos en papel.

Saber más

ERP como Navision (Microsoft Dynamics), SAP Business One, SAGE X3, o Infor M3 Food & Beverage ofrecen módulos especializados para empresas del sector alimentario y pesquero, incluyendo trazabilidad por lote, control de temperatura y etiquetado reglamentario.

Ejemplo

Se expone un ejemplo práctico de uso:

1. El operario recibe 500 kg de merluza congelada. Escanea el código de proveedor con el terminal móvil.
2. El sistema ERP asigna automáticamente la cámara 3, estantería D5.
3. Se genera una etiqueta con el lote MER-290524, zona FAO 27, peso, fecha y operador.
4. El ERP actualiza el *stock* disponible en tiempo real y activa una alerta cuando queden menos de 100 kg.
5. Al preparar un pedido, el sistema sugiere las cajas más antiguas según criterio FEFO.

4. Elaboración de documentación interna

La **documentación interna** en el ámbito del almacenamiento y comercialización de pescados y mariscos desempeña un papel fundamental como garante de legalidad, trazabilidad y control de procesos. Esta documentación recoge y registra todas las fases del flujo de productos: desde su recepción inicial hasta su expedición final. Su correcta cumplimentación y archivo permite responder ante inspecciones, gestionar reclamaciones y asegurar la coherencia operativa del almacén.

Los registros son también una herramienta de gestión: permiten optimizar recursos, prever necesidades de *stock* y reducir incidencias. La estandarización documental, tanto en soporte físico como digital, es un factor clave para asegurar la eficiencia administrativa y la seguridad alimentaria en cualquier centro de manipulación de productos pesqueros.

4.1. Registros de entrada y salidas. Fichas de recepción

En el entorno logístico y sanitario de los productos pesqueros, los registros de entradas y salidas son herramientas esenciales para garantizar la trazabilidad, la transparencia documental, la gestión eficiente del *stock* y el cumplimiento normativo. Estos documentos permiten seguir con precisión el movimiento de la mercancía desde que entra al almacén hasta su expedición, proporcionando información vital sobre el estado, procedencia y destino del producto.

Fig. 20. Junto a los registros, las fichas de recepción actúan como primera validación documental de cada lote recibido, recopilando datos que afectan directamente a la calidad, la seguridad alimentaria y la clasificación interna del producto

Los **registros de entrada y salida** cumplen varias funciones:

- Documentan la trazabilidad de cada lote, conforme al Reglamento (CE) n.º 178/2002.
- Permiten el control del *stock* y la planificación logística.
- Aportan evidencias en auditorías sanitarias o administrativas.
- Facilitan la gestión de incidencias como devoluciones o no conformidades.
- Reflejan el cumplimiento de las condiciones de transporte, recepción y conservación.

 **Anotación**

La ausencia de un registro detallado de entradas y salidas puede impedir la retirada rápida de un lote en caso de alerta sanitaria, exponiendo a la empresa a sanciones y riesgos graves para el consumidor.

Un registro de entrada debe reflejar con precisión todos los datos necesarios para identificar el producto y evaluar su conformidad:

Campo	Descripción
Fecha y hora de entrada.	Momento exacto de recepción.
Proveedor.	Nombre, CIF y número de registro sanitario.
Producto.	Especie, presentación, estado (fresco/congelado).
Lote.	Código único asignado al lote.
Peso bruto y neto.	Incluyendo tara si aplica.
Estado del producto.	Observaciones organolépticas y temperatura.
Documentación adjunta.	Albarán, certificado de origen, análisis.

Estas entradas pueden gestionarse en formatos físicos, en hojas de control, o en sistemas informáticos integrados (ERP o WMS).

Por su parte, las **fichas de recepción** son documentos complementarios, elaborados por el personal de almacén o calidad tras la inspección inicial. Tienen como objetivo **validar o rechazar** la conformidad de la mercancía recibida.

Una ficha de recepción completa suele incluir:

- Identificación del proveedor y lote.
- Control de temperatura en el momento de recepción.
- Evaluación sensorial del producto: olor, color, textura, aspecto general.
- Verificación del etiquetado.
- Observaciones sobre el embalaje y las condiciones de transporte.
- Firma del responsable de recepción.
- Determinación del destino: apto, apto con observaciones o no conforme.

Recepción condicionada: aceptación provisional de un lote con incidencias menores, pendiente de revisión o decisiones posteriores de calidad.

Los registros de salida permiten controlar qué productos han sido expedidos, en qué cantidad, a quién, y en qué condiciones. Incluyen:

Campo	Descripción
Fecha y hora de salida.	Incluyendo operador responsable.
Cliente o destinatario.	Nombre y datos fiscales.
Lote(s) expedido(s).	Para mantener la trazabilidad.
Cantidad y formato.	Kilos, unidades, presentación.
Vehículo y condiciones de transporte.	Placa, temperatura, limpieza.
Documentación entregada.	Albarán, etiqueta, guía sanitaria si aplica.

Según el Reglamento (CE) n.º 852/2004, todos los operadores deben mantener registros durante un periodo mínimo de cinco años, asegurando el acceso inmediato a la información en caso de inspección o retirada de productos.

Actualmente, la mayoría de las empresas medianas y grandes utilizan **registros digitales**, lo que permite:

- Evitar errores manuales.
- Asociar registros con lecturas automáticas de temperatura, pesaje o códigos de lote.
- Compartir la información en tiempo real entre almacén, calidad y logística.
- Activar alertas automáticas si hay incidencias en la recepción o desviaciones en el producto.

En conclusión, en la gestión de registros se debe:

- Cumplimentar los datos en el momento de la operación, nunca a posteriori.
- Verificar que cada lote recibido se corresponde con la documentación del proveedor.
- Conservar los registros de forma ordenada, accesible y protegida.
- Integrar las fichas de recepción en el plan APPCC como puntos de control.
- Establecer un protocolo para productos en espera de decisión (zona separada y etiqueta visible).

4.2. Documentación de reclamación y devolución

En el contexto de la logística alimentaria, especialmente en productos tan perecederos como los pesqueros, pueden producirse incidencias que obliguen a iniciar un proceso de **reclamación o devolución**. Estas situaciones deben gestionarse con un sistema documental riguroso, que respalde las decisiones tomadas, garantice la trazabilidad del lote y permita cumplir con la normativa aplicable.

Fig. 21. La documentación protege a la empresa ante posibles conflictos con proveedores o clientes, y forma parte de los registros exigidos por la legislación sanitaria y comercial

Las reclamaciones y devoluciones pueden producirse tanto en la recepción de mercancía como tras la expedición hacia un cliente:

Situación	Ejemplos de motivo
Reclamación a proveedor.	Producto en mal estado, diferente al solicitado, fallo en temperatura.
Devolución interna.	Error en *picking*, mal etiquetado, ruptura del envase.
Reclamación de cliente.	Fecha de caducidad próxima, daño durante el transporte, no conformidad de especie.

Anotación

Toda devolución debe iniciarse con una ficha de no conformidad, en la que se identifique claramente el motivo, el lote afectado y la actuación a seguir.

Para **asegurar** una gestión eficaz y trazable de cualquier devolución o reclamación, es necesario elaborar y conservar distintos documentos, como mínimo:

1. **Ficha de no conformidad:** Documento que detalla la incidencia detectada, con los siguientes campos:

   o Fecha y hora de detección.
   o Responsable de la inspección.
   o Lote afectado y proveedor o cliente implicado.
   o Tipo de no conformidad: sanitaria, documental, logística, etc.
   o Descripción detallada del problema.
   o Decisión adoptada: devolución, reprocesado, destrucción.

2. **Formulario de reclamación o devolución:** Documento formal que se remite al proveedor o cliente, notificando el incidente. Incluye:

   o Datos de la empresa que reclama.
   o Fecha y número de referencia.
   o Producto afectado y cantidad.
   o Lote y documentación de entrega original.

o Descripción del defecto o incumplimiento.

o Pruebas adjuntas (fotos, lecturas de temperatura, informes).

o Solicitud concreta: abono, reposición, retirada, etc.

Vocabulario

Reproceso: tratamiento interno de un lote afectado para ser acondicionado, reclasificado o reaprovechado, siempre que no suponga riesgo sanitario ni vulnere la legislación.

Además de los formularios principales, es conveniente generar o conservar otros documentos vinculados:

- Copias de albaranes originales.
- Justificante de retirada de mercancía por parte del proveedor.
- Certificado de destrucción si el lote se considera residuo no apto.
- Informe fotográfico del estado del producto a la llegada.
- Informe de calidad si el producto fue analizado.

Con la implantación de ERP o software logístico, la documentación puede:

- Generarse automáticamente desde los registros de entrada o salida.
- Asociarse a un lote único, para mantener la trazabilidad completa.
- Compartirse en tiempo real con proveedores o clientes mediante plataformas integradas.
- Ser archivada digitalmente, cumpliendo con los requisitos de conservación documental.

legislación

El Reglamento (CE) n.º 178/2002 obliga a todos los operadores alimentarios a contar con un sistema que permita identificar, aislar y retirar de forma inmediata cualquier lote no conforme, incluyendo su trazabilidad documental completa.

Una buena gestión documental de reclamaciones implica:

- Activar protocolos de reclamación en cuanto se detecte una no conformidad, sin demoras.
- Conservar toda la documentación asociada durante al menos cinco años.
- Establecer una persona responsable del control de no conformidades.
- Utilizar modelos normalizados para cada tipo de documento.
- Comunicar las reclamaciones de manera formal, documentada y dentro de los plazos contractuales.

4.3. Órdenes de salida y expedición. Albaranes

En un almacén de productos pesqueros, la **expedición de mercancías** es una fase crítica que debe coordinar múltiples factores: la correcta preparación del pedido, el respeto a la cadena de frío, la trazabilidad del lote, el cumplimiento normativo y la documentación asociada. Las herramientas fundamentales que regulan esta etapa son las órdenes de salida y los albaranes.

Fig. 22. La emisión del albarán es obligatoria en la venta de bienes, aunque no tenga valor fiscal por sí solo (a diferencia de la factura)

Una **orden de salida** es la instrucción formal que activa el proceso logístico interno para preparar un pedido, mientras que el albarán es el documento legal que justifica la entrega de mercancía al cliente, actuando como resguardo y comprobante de expedición.

La orden de salida es un documento interno, físico o digital, que detalla con precisión qué productos deben recogerse del almacén, en qué cantidades y con qué condiciones específicas. Su función es garantizar que la preparación y expedición se realicen de forma **correcta, eficiente y trazable**.

Campo	Descripción
Número de orden.	Código único de identificación.
Fecha de emisión.	Para planificación de cargas y turnos.
Cliente destinatario.	Datos fiscales y dirección.
Productos solicitados.	Especie, presentación, formato.
Lotes y cantidades.	Acordes al principio FEFO (First Expired, First Out).
Instrucciones específicas.	Tipo de embalaje, etiquetado, temperatura.
Responsable de la expedición.	Firma o código del operario asignado.

Es fundamental que la orden de salida especifique el **lote exacto** a expedir, para que el sistema de trazabilidad pueda seguirse hasta el punto final de entrega.

Por su parte, el **albarán** es el documento que acompaña físicamente la mercancía durante su transporte y entrega.

El albarán sirve como:

- Comprobante de que el producto ha sido entregado.
- Justificación de la cantidad y características del envío.
- Respaldo documental para auditorías y trazabilidad.
- Base para la posterior emisión de la factura.

El contenido mínimo de un albarán es el siguiente:

Elemento	Detalles obligatorios
Identificación del emisor.	Nombre, CIF, dirección de la empresa vendedora.
Identificación del receptor.	Cliente o punto de entrega.
Fecha de expedición.	Y número correlativo de albarán.
Descripción del producto.	Especie, presentación, cantidad, unidades.
Lote(s) y fecha(s) de captura.	Trazabilidad completa en productos pesqueros.
Temperatura de conservación.	Indicada si el transporte la requiere.
Firma del receptor.	O sello conforme del cliente al recibir la mercancía.

Vocabulario

Albarán valorado: incluye los precios de los productos entregados (opcional).
Albarán sin valorar: incluye únicamente cantidades y productos, sin precios.

Las órdenes de salida y los albaranes están conectados con otros documentos logísticos y de calidad:

- La orden de salida se genera a partir de un pedido de cliente.
- La expedición incluye la etiqueta del lote y, en su caso, una guía sanitaria de transporte.
- El albarán, firmado, se archiva junto al documento de control de temperatura del vehículo si es transporte refrigerado.
- El albarán sirve como base para generar la factura de venta.

Actualmente, muchas empresas integran las órdenes de salida y albaranes en sus sistemas ERP o WMS, lo que permite:

- Asignar lotes automáticamente según el *stock* disponible y su fecha de caducidad.
- Generar albaranes directamente desde la orden de salida, sin duplicar datos.
- Usar lectores de códigos de barras o QR para validar productos cargados.
- Registrar la firma del cliente en *tablet* o PDA al momento de la entrega.

En productos pesqueros, el albarán puede integrarse con la información exigida por el Reglamento de trazabilidad (CE) n.º 1224/2009, que obliga a indicar el número de lote, la zona de pesca y la fecha de desembarque.

En conclusión, en materia de expedición y documentación, se debe:

- Revisar visualmente que el producto cargado corresponde al indicado en la orden.
- Comprobar que el vehículo reúne las condiciones de temperatura y limpieza.
- Archivar albaranes firmados junto a los informes de control de temperatura.
- Notificar cualquier incidencia (rechazo, falta de firma, avería en transporte) en el albarán o documento de entrega.

4.4. Control de existencias, stocks de seguridad, estocaje mínimo, rotaciones

El **control de existencias** es una función fundamental en la gestión de almacenes de productos pesqueros, donde el margen de error es reducido debido a la alta perecibilidad de la mercancía. Una planificación inadecuada puede suponer tanto quebrantos económicos por productos caducados como rupturas de *stock* que impidan atender la demanda. Por ello, es necesario aplicar estrategias específicas de control, entre las que destacan el seguimiento de *stocks* de seguridad, el mantenimiento del estocaje mínimo operativo y la gestión eficaz de las rotaciones.

Se entiende por **control de existencias** el conjunto de acciones dirigidas a:

- Conocer en todo momento la cantidad, tipo y estado del producto almacenado.
- Mantener un nivel adecuado de inventario según la demanda prevista.
- Detectar desviaciones o pérdidas de mercancía.

- Planificar pedidos de reposición con antelación.
- Cumplir con requisitos legales de trazabilidad y seguridad alimentaria.

Este control puede realizarse mediante registros manuales o, preferentemente, mediante aplicaciones informáticas de gestión de almacén (ERP o WMS).

Existen varias categorías de existencias que deben diferenciarse para una correcta gestión:

Tipo de *stock*	Descripción
Stock disponible.	Producto apto y listo para su expedición o procesamiento.
Stock de seguridad.	Cantidad adicional almacenada para prevenir roturas de *stock* imprevistas.
Stock mínimo.	Nivel mínimo operativo necesario para evitar la interrupción del servicio.
Stock en tránsito.	Producto ya comprado, pero aún no recibido físicamente.
Stock obsoleto o en mal estado.	Producto que ya no puede utilizarse o venderse.

Vocabulario

Stock **de seguridad:** nivel de reserva que actúa como colchón ante retrasos de proveedores, aumentos imprevistos de la demanda o incidencias en la recepción.

Por otro lado, el **estocaje mínimo** representa el umbral por debajo del cual es necesario reponer existencias. Su cálculo debe tener en cuenta:

- Tiempo de reposición del proveedor.
- Consumo medio diario o semanal.
- Riesgo de variabilidad de la demanda.
- Caducidad del producto y condiciones de conservación.

Un cálculo demasiado bajo puede provocar roturas, mientras que un exceso implica riesgo de deterioro y costes innecesarios.

Anotación

En productos frescos o refrigerados, se recomienda aplicar estocajes ajustados al máximo, priorizando la rotación rápida y el contacto continuo con proveedores para evitar almacenamiento prolongado.

Fig. 23. La rotación del stock es clave para evitar pérdidas económicas y garantizar la calidad del producto

En productos alimentarios se utilizan principalmente dos sistemas:

- **FIFO (*First In, First Out*)**: lo primero que entra es lo primero que sale. Ideal para productos **no perecederos o congelados**, donde la fecha de producción es más relevante que la de caducidad inmediata.
- **FEFO (*First Expired, First Out*)**: lo primero que caduca es lo primero que se expide. Imprescindible en **pescados frescos y mariscos**, donde la fecha de consumo preferente marca la prioridad.

Sistema	Aplicación recomendada	Riesgo si no se aplica correctamente
FIFO	Productos homogéneos y estables.	Acumulación de productos antiguos o mal ubicados.
FEFO	Alimentos perecederos.	Venta de productos caducados o retiradas urgentes.

El control puede realizarse por varios **métodos**:

- **Inventarios periódicos**: revisión manual cada semana, quincena o mes.
- **Inventario permanente**: registro automático en el sistema tras cada movimiento.
- **Ciclos de recuento**: comprobaciones frecuentes por zonas o familias de productos.

Los sistemas digitales permiten alertas automáticas cuando el *stock* baja del nivel mínimo, bloqueos de lotes caducados o integración con el módulo de pedidos.

El Reglamento (CE) n.º 178/2002 exige que los operadores puedan retirar de forma inmediata cualquier lote afectado por una alerta alimentaria, lo cual solo es posible si se conoce exactamente la cantidad y ubicación de cada partida.

Buenas **prácticas de control** de existencias son las siguientes:

- Aplicar rotaciones físicas correctas: nunca colocar mercancía nueva delante de la antigua.
- Etiquetar claramente cada producto con lote y caducidad visibles.
- Programar alertas de *stock* mínimo y caducidad próxima en el sistema.
- Registrar todas las entradas y salidas en tiempo real.
- Separar los productos no conformes o en espera de inspección.
- Mantener las cámaras o estanterías ordenadas y clasificadas por tipo de producto.

Recuerda

El control de existencias no es solo una cuestión logística: es un elemento estratégico y sanitario que permite ofrecer al cliente un producto en condiciones óptimas, reducir mermas y cumplir con las exigencias legales del sector alimentario. En el ámbito pesquero, donde el tiempo de vida útil es reducido, aplicar técnicas eficaces de gestión de *stock* y rotación es fundamental para la rentabilidad y la seguridad alimentaria.

4.5. Inventarios. Tipos y finalidad de cada uno de ellos

Fig. 24. El inventario consiste en contar, clasificar y verificar todos los productos disponibles en un momento concreto

En la operativa diaria de un almacén de productos de la pesca, el **inventario** es una herramienta imprescindible para conocer con precisión la cantidad y el estado de las mercancías almacenadas en un momento determinado. Además de su función logística, el inventario tiene implicaciones directas en el control económico, la trazabilidad alimentaria, el cumplimiento normativo y la toma de decisiones.

Un inventario bien gestionado permite anticiparse a rupturas de *stock*, detectar mermas o pérdidas, asegurar que los productos no exceden su fecha de caducidad y mantener la organización del almacén alineada con las exigencias sanitarias y comerciales del sector.

Un inventario es el **registro ordenado** de las existencias físicas reales de los productos en almacén, contrastado con los datos del sistema informático o documental.

Vocabulario

Mermas: diferencias negativas entre el *stock* teórico y el *stock* real, debidas a errores, deterioros, caducidades o pérdidas no registradas.

Los inventarios cumplen con múltiples **objetivos**, entre los que destacan:

- Comprobar que el *stock* real coincide con el *stock* teórico del sistema.
- Evaluar el estado físico y sanitario de las mercancías.
- Detectar errores, caducidades, pérdidas o productos obsoletos.
- Cumplir con las auditorías internas, sanitarias o contables.
- Planificar pedidos y compras basados en necesidades reales.
- Justificar salidas o devoluciones según trazabilidad.

Los inventarios pueden clasificarse en función de distintos criterios, como su frecuencia, su función específica o su modo de ejecución. A continuación, se presentan los tipos más relevantes en almacenes de productos pesqueros:

1. Según la frecuencia:

Tipo de inventario	Descripción
Periódico.	Se realiza en fechas fijas (mensual, trimestral), paralizando la actividad.
Permanente o continuo.	El *stock* se actualiza en tiempo real con cada entrada o salida.
Cíclico.	Recuento rotativo por zonas o productos, en ciclos planificados.

Anotación

En productos perecederos como pescados y mariscos, los inventarios cíclicos permiten revisar con mayor frecuencia los productos de mayor rotación o menor vida útil, sin interrumpir toda la operativa.

2. Según su función:

Tipo de inventario	Finalidad específica
Físico o de control.	Verificar que la cantidad física coincide con el *stock* del sistema.
Sanitario.	Identificar productos caducados, deteriorados o contaminados.
Económico o contable.	Valorar monetariamente el *stock* disponible (precio de coste o venta).
Técnico o de calidad.	Comprobar el estado del envase, etiquetado o presentación del producto.

3. Según el método de ejecución:

Tipo de inventario	Características
Manual.	Recuento con listas impresas, requiere posterior introducción de datos.
Digital con terminales.	Utiliza PDA, *tablets* o lectores para escanear códigos y registrar datos automáticamente.
Mixto.	Combinación de ambos, habitual en pequeñas empresas o entornos mixtos.

Por otro lado, el proceso básico de inventariado consiste en:

1. **Planificación**: selección de fechas, zonas, productos y personal.
2. **Preparación del almacén**: limpieza, señalización de productos no conformes, bloqueo de entradas y salidas si aplica.
3. **Recuento**: físico, con verificación de caducidades, lotes y estado.
4. **Registro y comparación**: cotejo con datos del sistema.
5. **Informe de desviaciones**: análisis de diferencias y toma de decisiones (ajustes, destrucción, reprocesado, reclamación).
6. **Archivado de resultados**: con firma del responsable del recuento y de calidad.

La **normativa sanitaria** obliga a disponer de registros actualizados de productos disponibles, caducidades, fechas de entrada y salida, lo cual solo puede garantizarse si se realizan inventarios regulares y sistemáticos. Además, los informes de inventario pueden ser requeridos por inspectores de sanidad o auditores de calidad.

En la realización de inventarios se debe:

- Separar productos no conformes antes de iniciar el recuento.
- Comprobar fechas de caducidad y estado físico, no solo cantidad.
- Utilizar lectores de código para minimizar errores.

- Establecer protocolos de revisión cíclica en zonas de rotación alta.
- Formar al personal encargado del inventario en trazabilidad y conservación.

5. Desarrollo del proceso de expedición de elaborados de pescado

La **expedición de productos pesqueros** es una etapa clave que conecta el trabajo del almacén con la cadena de distribución. Esta fase no se limita al simple traslado de mercancía, sino que exige el cumplimiento de una serie de requisitos técnicos, logísticos y normativos que garanticen que el producto llega a su destino en condiciones óptimas de conservación, identificación y presentación.

La **organización de la expedición** implica la ejecución de operaciones como la preparación de pedidos, el etiquetado y embalaje adecuado, la gestión del transporte y la generación de documentación de salida. Dado el carácter delicado del producto, cualquier error puede traducirse en pérdidas económicas o incumplimientos legales, por lo que esta fase requiere tanto precisión como coordinación.

5.1. Comprobaciones generales en expedición

La fase de **expedición** representa el último control que se ejerce sobre el producto antes de su entrega al cliente o distribuidor. En el caso de los elaborados de pescado, la necesidad de mantener estrictas condiciones de higiene, temperatura, trazabilidad y presentación convierte esta etapa en un punto crítico del proceso logístico.

Las **comprobaciones generales** en expedición tienen como objetivo asegurar que el pedido preparado coincide exactamente con el solicitado, que los productos están en condiciones óptimas, que la documentación es correcta y completa, y que el transporte cumple los requisitos establecidos.

Fig. 25. Cualquier deficiencia en la fase de expedición puede comprometer la seguridad alimentaria y la reputación comercial de la empresa

Estas comprobaciones deben realizarse de manera sistemática por el personal responsable, siguiendo un protocolo documentado. Las áreas clave a revisar son las siguientes:

Área de control	Comprobación a realizar
Producto y cantidad.	Coincidencia con la orden de salida y con el albarán. Comprobación física y documental.
Estado del producto.	Sin daños, roturas, descongelaciones, signos de deterioro o caducidad próxima.
Lote y caducidad.	Trazabilidad visible. Selección bajo criterio FEFO (*First Expired, First Out*).
Etiquetado y presentación.	Presencia y legibilidad de etiquetas, códigos, fechas, datos legales y logos sanitarios.
Embalaje.	Integridad del envase. Protección contra golpes, humedad o contaminación.
Temperatura	Verificación con termómetro: cumplimiento de rango requerido en productos refrigerados o congelados.
Documentación	Albarán, ficha de expedición, guía sanitaria si aplica. Coincidencia de datos.
Transporte	Estado del vehículo (limpieza, frío activo), carga correcta, precintado si es exigido.

 Anotación

Toda incidencia detectada en este punto debe registrarse antes de que la mercancía abandone las instalaciones. Si no es subsanable en el momento, debe retirarse el lote afectado y no autorizar la salida.

El **control de la temperatura** es especialmente crítico. Las normas sanitarias obligan a verificar y registrar que la mercancía se mantiene en el rango adecuado desde que se carga hasta su destino.

Tipo de producto	Temperatura exigida durante el transporte
Pescado refrigerado.	Entre 0 °C y 4 °C.
Elaborados congelados.	-18 °C o inferior.
Mariscos cocidos.	Igual que pescado refrigerado.

Las mediciones deben realizarse:

- Justo antes de la carga.
- Con termómetros calibrados o sondas.
- En varios puntos del pallet o contenedor.
- Si es posible, con registro automático del vehículo.

Toda expedición debe ir acompañada de **documentación** que respalde y describa el envío:

- Albarán con datos de cliente, producto, lote, cantidad y condiciones.
- Orden de salida firmada.
- Guía sanitaria (cuando aplique por legislación o tipo de producto).
- Etiquetas visibles en el exterior del embalaje: lote, caducidad, especie, número de registro sanitario del operador.

Vocabulario

Guía sanitaria de transporte: documento obligatorio para ciertos productos alimentarios que certifica que la mercancía cumple con los requisitos sanitarios en origen y puede ser transportada legalmente.

Con respecto a los **precintos, sellado y carga**, se debe:

- Verificar que el vehículo esté limpio, desinfectado y precintado si corresponde.
- Cargar el producto en orden lógico de entrega, evitando desplazamientos internos que puedan dañar la mercancía.
- Registrar la matrícula del vehículo, hora de carga y temperatura del interior.
- Entregar documentación al conductor y archivar copia firmada del albarán.

Por último, otras **prácticas** destacables son:

- Separar claramente las zonas de expedición del resto del almacén.
- Utilizar *checklists* diarios para evitar omisiones.
- Establecer un doble control: por el operario que prepara el pedido y por quien autoriza la salida.
- Establecer una zona de "no expedición" donde se depositen productos en espera de revisión, análisis o validación.

5.2. Establecimiento de las órdenes de packing para la realización del pedido

En la última fase de preparación de un pedido, la orden de *packing* (también conocida como *packing list* u orden de embalaje) constituye el documento que detalla cómo debe conformarse físicamente el pedido en términos de número de bultos, contenido de cada uno, disposición de los productos, peso y volumen. Esta herramienta es clave para garantizar la coherencia entre el pedido preparado y lo solicitado, así como para facilitar una expedición eficiente y conforme a los requisitos de transporte, trazabilidad y calidad.

Es particularmente relevante en el caso de productos pesqueros elaborados, que pueden presentar múltiples formatos, presentaciones y exigencias de conservación.

Fig. 26. El correcto establecimiento de las órdenes de packing permite coordinar el trabajo entre los operarios que preparan el pedido y los encargados de su verificación, carga y documentación

La **orden de *packing*** es un documento interno generado durante el proceso de expedición, que actúa como una guía detallada para el embalaje y distribución física de los productos en el pedido. Puede estar vinculada automáticamente a una orden de salida desde el sistema informático, o elaborarse de forma manual en operaciones de menor escala.

Vocabulario

Packing list: documento que especifica el contenido de cada unidad de carga o embalaje en un envío. En exportaciones, puede tener validez legal y acompañar a la factura comercial.

La información contenida en una orden de *packing* es la siguiente:

Elemento	Detalle
Nº de orden de salida.	Código que vincula el *packing list* con el pedido original.
Cliente.	Nombre, dirección y datos fiscales.
Nº de bultos o cajas.	Cantidad de unidades físicas que componen el pedido.
Descripción de cada bulto.	Qué productos contiene, en qué formato y cantidad.
Lotes y fechas de caducidad.	Para asegurar la trazabilidad.
Peso neto y bruto por bulto.	Para cálculos logísticos y cumplimiento normativo.
Volumen y dimensiones.	Si se requiere para planificación de transporte o cámaras.
Tipo de embalaje utilizado.	Cajas isotérmicas, pallets, contenedores, etc.
Observaciones.	Requisitos de conservación, instrucciones especiales, precintos.

Las principales **utilidades** de este documento en el sector pesquero son:

- Guiar el montaje físico del pedido y su disposición lógica.
- Evitar errores de producto, cantidad o lote en el embalaje.
- Documentar el contenido exacto del envío para inspecciones o reclamaciones.
- Facilitar la carga ordenada en el transporte.
- Garantizar el cumplimiento de requisitos de exportación o de clientes institucionales.
- Servir de base para etiquetado final y facturación.

 Anotación

En pedidos que incluyen productos refrigerados y congelados, la orden de packing debe indicar claramente la separación de cadenas de frío, así como los tiempos máximos de carga permitidos.

Se describe un ejemplo simplificado de orden de *packing*:

Nº Bulto	Producto	Lote	Formato	Cantidad	Peso Neto	Temp.
1	Filete de merluza.	L245MR24	500g bandeja	20 uds	10 kg	0–4 °C
2	Hamburguesa de salmón.	H987SL24	4x125g caja	10 cajas	5 kg	-18 °C
3	Croquetas de bacalao.	C540BC24	1 kg bolsa	8 bolsas	8 kg	-18 °C

Con respecto a la relación con otros documentos:

- La orden de *packing* debe estar coordinada con la orden de salida y el albarán.
- Sirve como fuente para generar etiquetas específicas de identificación por bulto.
- En muchos sistemas ERP, se vincula al módulo de facturación, para extraer cantidades y formatos facturables.
- Puede compartirse con el transportista si se requiere planificación de carga o documentación aduanera (en exportaciones).

Algunas prácticas adicionales para considerar son:

- Emitir la orden de *packing* tras la validación final del pedido y antes de iniciar la carga.
- Comprobar que los productos sensibles están identificados correctamente y dispuestos en función de su temperatura.
- Asegurar la coherencia entre el contenido real de los bultos y la información del documento.
- Usar códigos de barra o etiquetas QR por bulto si el volumen o trazabilidad lo requiere.

5.3. Realización de pedido y realizar su identificación y packing

La **realización del pedido** constituye la operación física y documental por la cual se preparan y organizan los productos solicitados por el cliente, con el fin de que estén listos para su expedición inmediata.

Fig. 27. En el sector de los elaborados de pescado, la realización del pedido requiere una ejecución cuidadosa, para asegurar que se mantienen las condiciones óptimas de conservación, trazabilidad y presentación comercial

Junto con esta tarea, es imprescindible aplicar de manera correcta los procesos de **identificación y *packing***: es decir, la asignación de etiquetas o señales a cada unidad de producto o bulto, y la distribución lógica y segura de los artículos en sus respectivos embalajes.

La **preparación** efectiva de un pedido se desarrolla en varias fases encadenadas que deben estar perfectamente coordinadas:

1. **Recepción de la orden de salida**: confirmación de cantidades, productos y requisitos específicos.
2. **Recogida de productos del almacén**: siguiendo el sistema de rotación adecuado (normalmente FEFO).
3. **Verificación de productos**: comprobación de integridad, etiquetado y fecha de caducidad.
4. **Identificación individual o por bultos**: aplicación de etiquetas visibles y normalizadas.
5. **Embalaje según orden de *packing***: agrupación lógica por tipo de producto, condiciones de temperatura, peso o destino.
6. **Cierre y precintado de bultos**: incluyendo etiquetas externas.
7. **Documentación**: generación del *packing list*, albarán y guía sanitaria si aplica.
8. **Traslado a zona de expedición**: dentro del tiempo permitido para productos refrigerados o congelados.

Anotación

En productos pesqueros, el tiempo entre la preparación del pedido y su carga final debe ser mínimo, especialmente en periodos de temperatura ambiente elevada. El cumplimiento del rango térmico debe comprobarse tanto antes como después del embalaje.

La **identificación** del pedido tiene como objetivo principal garantizar la trazabilidad, evitar errores de entrega y facilitar la gestión logística. Esta identificación se aplica a:

- Unidad de venta (por ejemplo, bandeja de filetes).
- Unidad de agrupación (por ejemplo, caja de 10 bandejas).
- Unidad de carga (pallet o contenedor con varias cajas).

Las **etiquetas** deben incluir como mínimo:

Información obligatoria	Aplicación
Nombre comercial del producto.	En todas las unidades.
Lote de producción.	Para trazabilidad completa.
Fecha de caducidad o consumo preferente.	Especialmente en refrigerados.
Temperatura de conservación recomendada.	En productos frescos o congelados.
Datos del operador (razón social y registro sanitario).	En bultos y pallets.
Peso neto y número de unidades.	En cajas y pallets.
Código de barras o QR (opcional pero recomendable).	En operaciones automatizadas.

Ejemplo

Imaginemos un pedido mixto de elaborados de pescado:

- 10 cajas de hamburguesas de salmón (4x125 g).
- 8 bolsas de croquetas de bacalao (1 kg).
- 20 bandejas de filetes de merluza (500 g).

Las acciones a realizar son:

1. Agrupar los productos según su temperatura de conservación: congelados y refrigerados.
2. Preparar bultos por tipo de producto, con etiquetas que indiquen: tipo, lote, caducidad, operador.
3. Generar una etiqueta exterior para cada bulto (por ejemplo, caja), con los datos agregados.
4. Embalar los bultos respetando las especificaciones del *packing list*.
5. Precintar y trasladar al área de expedición con control de temperatura.

En el **proceso de identificación y embalaje**, se debe:

- Comprobar que todas las etiquetas sean legibles, completas y bien adheridas.

- Usar envases resistentes, isotérmicos o adaptados al tipo de transporte.

- Evitar mezclas de productos distintos en un mismo bulto, salvo que se indique expresamente.

- Agrupar los productos por compatibilidad de condiciones térmicas.

- Registrar todo el proceso de forma digital o en plantilla validada.

El Reglamento (UE) 1169/2011 sobre información alimentaria al consumidor y el Reglamento (CE) 1224/2009 de control pesquero obligan a que todos los productos de la pesca sean perfectamente identificables desde el origen hasta el punto de venta, incluyendo método de producción, zona de captura, denominación comercial y lote.

5.4. Realización de un registro de expedición, orden de portes y albarán

La **fase de expedición** en el almacenamiento y distribución de productos pesqueros requiere una documentación exhaustiva y precisa que respalde el movimiento físico de la mercancía y asegure la trazabilidad, el control legal y la transparencia comercial. Los **documentos clave** en esta etapa son el registro de expedición, la orden de portes y el albarán, cada uno con una función específica dentro del proceso logístico.

A. Registro de expedición

El **registro de expedición** es un documento interno que refleja de forma detallada todas las salidas de mercancía del almacén. Su función principal es controlar y verificar qué productos, en qué cantidades y bajo qué condiciones han salido, facilitando el seguimiento y la gestión del *stock*.

Los elementos habituales del registro de expedición son:

- Fecha y hora de salida.
- Número de pedido o referencia.
- Producto(s) expedido(s) con descripción, lote y cantidad.
- Destinatario o cliente.
- Responsable de la expedición.

- Condiciones especiales (temperatura, embalaje, instrucciones).
- Observaciones o incidencias detectadas.

Este registro es fundamental para mantener actualizado el *stock* y para la trazabilidad interna.

B. Orden de portes

La **orden de portes** es el documento que contiene las instrucciones para la empresa transportista sobre el destino, condiciones y requisitos del transporte. En el ámbito pesquero, donde la cadena de frío y la manipulación adecuada son críticas, la orden de portes debe incluir:

- Datos del expedidor y destinatario.
- Fecha y hora de recogida.
- Descripción detallada del producto y cantidad.
- Requisitos de temperatura y conservación.
- Instrucciones específicas sobre manipulación y entrega.
- Información del vehículo y conductor (cuando aplica).
- Precintos o sellos requeridos.

Esta orden sirve para coordinar la logística de transporte y garantizar que se cumplan los requisitos sanitarios y contractuales.

C. Albarán de entrega

El **albarán** es el documento comercial que acompaña la mercancía durante su traslado y sirve como comprobante de entrega. Es obligatorio y contiene información legal y comercial imprescindible.

Los **datos** mínimos del albarán son:

- Datos del expedidor y destinatario.
- Número de albarán y fecha.
- Descripción detallada de los productos (especie, presentación, lote).
- Cantidades entregadas.
- Condiciones de transporte (temperatura, embalaje).
- Firma o sello del receptor como constancia de recepción.

El albarán puede ir acompañado de otros documentos, como la guía sanitaria en productos sujetos a controles específicos.

Con respecto a la relación y flujo documental:

1. El registro de expedición documenta internamente la salida del producto y actualiza el control de *stock*.
2. La orden de portes se envía a la empresa transportista con las instrucciones necesarias.
3. El albarán acompaña la mercancía durante el transporte y se entrega al receptor final como constancia.

Fig. 28. Los documentos deben mantenerse archivados durante el periodo legal exigido (habitualmente cinco años) y estar disponibles para auditorías o inspecciones

Finalmente, algunas **acciones** correctas en la gestión documental de expedición son las siguientes:

- Completar los registros en tiempo real para evitar pérdidas o errores.
- Verificar la congruencia entre registro de expedición, orden de portes y albarán.
- Asegurar que el albarán esté firmado y sellado por el receptor antes de finalizar la entrega.
- Integrar la documentación con sistemas informáticos para facilitar la trazabilidad y generación automática de informes.
- Formar al personal en los requisitos legales y en la correcta cumplimentación de cada documento.

6. Aplicación de medidas higiénico-sanitarias

Las **medidas higiénico-sanitarias** son el fundamento de cualquier actividad que implique la manipulación de alimentos, especialmente cuando se trata de productos tan sensibles como pescados y mariscos. Estas medidas no solo protegen al consumidor final, sino que también garantizan la viabilidad legal y operativa de la empresa.

Desde la higiene personal del operario hasta la limpieza del entorno y los utensilios, cada aspecto cuenta. Además, deben aplicarse criterios rigurosos en el transporte y conservación para evitar contaminaciones o deterioros. El cumplimiento de la legislación sanitaria, así como la formación continua del personal en buenas prácticas de manipulación, son elementos indispensables para minimizar los riesgos y garantizar un entorno de trabajo seguro y saludable.

6.1. Medidas en el transporte de los productos

El **transporte** de productos pesqueros es una etapa crítica que conecta la salida del almacén con la llegada al cliente final, pudiendo afectar decisivamente a la calidad, seguridad alimentaria y frescura de los productos. Debido a la alta perecibilidad de pescados y mariscos, es imprescindible que el transporte cumpla con estrictas medidas técnicas, higiénico-sanitarias y documentales que garanticen la integridad del producto y la continuidad de la cadena de frío.

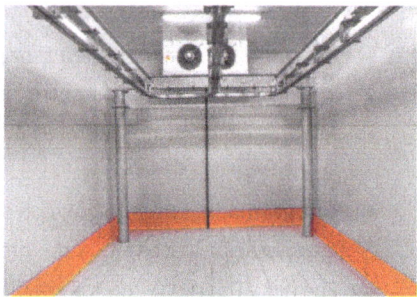

Fig. 29. Para asegurar la cadena de frío se utilizan vehículos con cámaras frigoríficas o sistemas de refrigeración adecuados

Los **requisitos** básicos para el transporte de productos pesqueros son:

1. **Condiciones higiénicas del vehículo**. El medio de transporte debe estar limpio y desinfectado, sin restos de productos anteriores o suciedad que puedan contaminar la mercancía. Se debe evitar la presencia de olores fuertes, plagas o cualquier agente que pueda comprometer la seguridad alimentaria.

2. **Mantenimiento de la cadena de frío**. La temperatura debe mantenerse constante y dentro de los rangos específicos para cada tipo de producto durante todo el transporte:

   o Pescado refrigerado: entre 0 °C y 4 °C.
   o Pescado congelado y elaborados congelados: −18 °C o inferior.
   o Mariscos vivos o cocidos: según especificaciones, generalmente entre 4 °C y 8 °C.

3. **Control y registro de temperatura**. Es obligatorio que el transporte disponga de dispositivos para la medición y registro continuo de la temperatura (termógrafos, *dataloggers*), garantizando que el producto no sufre variaciones térmicas que puedan afectar su calidad.

4. **Separación y embalaje**. Los productos deben ir embalados y colocados de forma que se evite la contaminación cruzada, daños físicos o mezclas indebidas. Se deben respetar las condiciones de conservación indicadas para cada tipo de producto.

5. **Documentación completa y correcta**. La documentación debe incluir: albarán, guía sanitaria de transporte, certificado de origen, etiquetas con información clara sobre el producto, lotes y condiciones especiales.

El transporte de productos alimentarios está regulado por varias normativas, destacando:

- **Reglamento (CE) 852/2004**, relativo a la higiene de los productos alimenticios.
- **Reglamento (CE) 853/2004**, con normas específicas para productos de origen animal.
- **Reglamento (CE) 178/2002**, que establece principios generales para la seguridad alimentaria.
- **Reglamento (CE) 1/2005**, sobre el transporte de animales vivos, si aplica a mariscos vivos.
- **Normativa nacional sobre transporte de mercancías perecederas y productos alimenticios.**

En lo que respecta al transporte, se tiene que:

- Inspeccionar el vehículo antes de la carga para asegurar limpieza y condiciones óptimas.
- Verificar la calibración de los equipos de refrigeración y termómetros.
- Controlar la carga para que sea estable y permita la circulación de aire frío.
- Minimizar el tiempo de transporte para preservar la frescura.
- Registrar todas las temperaturas durante el trayecto para evidenciar cumplimiento.
- Capacitar a los conductores en buenas prácticas de manipulación y emergencia.

El incumplimiento de las condiciones de transporte puede derivar en:

- Deterioro microbiológico y organoléptico del producto.
- Pérdidas económicas por devoluciones o destrucción de mercancía.
- Sanciones administrativas y legales.
- Pérdida de confianza de clientes y consumidores.

La correcta aplicación de estas medidas en el transporte es vital para garantizar que los productos pesqueros llegan a su destino en condiciones óptimas, manteniendo la seguridad alimentaria, la calidad sensorial y el valor comercial.

6.2. Medidas de higiene personales

La **higiene personal** de las personas involucradas en la manipulación, transporte y expedición de productos pesqueros es una de las primeras barreras para evitar la contaminación microbiológica y asegurar la **inocuidad** del alimento. Debido a la alta susceptibilidad de estos productos a alteraciones y contaminación, la aplicación rigurosa de medidas de higiene es imprescindible para proteger la salud pública y cumplir con la normativa sanitaria.

Los **principios** básicos de higiene personal son:

1. **Lavado de manos:**
   o Debe realizarse de forma frecuente y adecuada, especialmente:
      - Antes de iniciar la manipulación.
      - Después de ir al baño, toser, estornudar o sonarse la nariz.
      - Tras manipular productos no aptos o residuos.
      - Tras tocar superficies contaminadas o sucias.
   o Se recomienda usar agua tibia, jabón neutro y frotar al menos durante 20 segundos.
   o Secado con toallas desechables o aire caliente.

2. **Uso de vestimenta adecuada:**
   - Ropa de trabajo limpia, específica para la zona de manipulación.
   - Gorro o redecilla para el cabello.
   - Guantes desechables o reutilizables según procedimiento, cambiándolos con frecuencia.
   - Calzado cerrado, antideslizante y exclusivo para la zona.

3. **No llevar joyas ni objetos personales:** Anillos, pulseras, relojes, collares o pendientes pueden alojar microorganismos y representar riesgos de caída en el producto.

4. **Mantener uñas cortas y limpias:** Evitar esmaltes o uñas postizas, que pueden desprenderse o alojar bacterias.

5. **Higiene respiratoria y sanitaria:**
   - Cubrir boca y nariz al toser o estornudar con pañuelo desechable o con el antebrazo.
   - No manipular alimentos en caso de síntomas respiratorios o enfermedades contagiosas.

6. **Prohibición de fumar, comer o beber en zonas de manipulación:** Para evitar la contaminación cruzada y garantizar la limpieza ambiental.

Con respecto a la **formación y supervisión**:

- El personal debe recibir formación continua en prácticas higiénicas y normas de seguridad alimentaria.
- Se recomienda disponer de protocolos escritos y supervisión regular para asegurar el cumplimiento.
- Es necesario instaurar una cultura de higiene dentro de la empresa que fomente la responsabilidad individual y colectiva.

Algunas buenas **prácticas adicionales** son las siguientes:

- Disponibilidad de puntos de lavado de manos equipados con jabón, agua potable, papel desechable y señalización clara.
- Cambio periódico de vestuario y limpieza de los elementos reutilizables.
- Control y mantenimiento de la salud del personal, con vigilancia médica cuando proceda.

Fig. 30. El cumplimiento riguroso de las medidas de higiene personales es fundamental para minimizar riesgos microbiológicos y garantizar que los productos pesqueros lleguen al consumidor en condiciones óptimas de seguridad y calidad

6.3. Manipulación de alimentos

La **manipulación de alimentos** en el sector pesquero es una actividad que requiere un cuidado extremo para evitar la contaminación, preservar la calidad y garantizar la seguridad alimentaria. Dada la naturaleza altamente perecedera de pescados y mariscos, la aplicación estricta de buenas prácticas durante su manipulación es fundamental para prevenir riesgos microbiológicos, físicos y químicos.

Los principios básicos de manipulación segura son:

1. **Mantener la cadena de frío:**
   - Los productos deben manipularse en condiciones que aseguren su temperatura óptima, evitando desvíos que puedan acelerar su deterioro.
   - Los tiempos fuera de refrigeración o congelación deben ser mínimos.

2. **Higiene de las manos y equipo:**
   o Las manos deben lavarse y desinfectarse antes y durante la manipulación.
   o El equipo, utensilios y superficies deben estar limpios y desinfectados, evitando contacto cruzado.

3. **Separación de productos:**
   o Los productos crudos deben mantenerse separados de los cocidos o listos para el consumo para evitar contaminaciones cruzadas.
   o Se deben utilizar utensilios y áreas de trabajo diferenciadas para cada tipo de producto.

4. **Evitar contacto directo con superficies no higiénicas:** Utilizar guantes cuando proceda, cambiándolos con frecuencia y sin reutilizarlos.

5. **Manipulación cuidadosa para evitar daños físicos:** Evitar golpes, aplastamientos o desgarros que puedan acelerar la descomposición.

Los **procedimientos** específicos para productos pesqueros son:

- **Eviscerado y limpieza**: realizarse en condiciones higiénicas, con agua potable y herramientas adecuadas, minimizando la exposición al aire.
- **Fileteado y porcionado**: utilizar cuchillos bien afilados y desinfectados, evitando la contaminación entre lotes.
- **Envasado y etiquetado**: asegurar que se hace de forma rápida y limpia, sin tocar directamente el producto con las manos desnudas.
- **Almacenamiento inmediato**: una vez manipulado, el producto debe volver a las cámaras o congeladores sin demora.

Existen varios **riesgos** asociados a una mala manipulación:

- **Contaminación microbiológica**: proliferación de bacterias patógenas como *Listeria monocytogenes*, *Salmonella* o *Vibrio* spp.
- **Contaminación física**: presencia de cuerpos extraños como fragmentos de envases o utensilios.

- **Contaminación química**: transferencia de productos de limpieza o restos de sustancias no aptas.

En este caso, la **normativa** aplicable es:

- Reglamento (CE) 852/2004 sobre higiene de los alimentos, que establece los principios generales para la manipulación segura.
- Normas específicas para productos de origen animal (Reglamento CE 853/2004).
- Buenas prácticas de manipulación recomendadas por organismos sanitarios y asociaciones del sector.

Tres aspectos importantes en este sentido son:

- Formación continua del personal en técnicas de manipulación.
- Supervisión periódica y auditorías internas.
- Uso de sistemas APPCC para identificar y controlar puntos críticos durante la manipulación.

Fig. 31. La correcta manipulación de alimentos en la cadena pesquera es clave para preservar la inocuidad y calidad del producto, proteger la salud del consumidor y cumplir con la normativa vigente

Resumen

La gestión integral de productos pesqueros, desde su recepción hasta su expedición, es un proceso complejo que requiere cumplir estrictamente con normativas sanitarias y operativas para garantizar la calidad, seguridad alimentaria y trazabilidad. La correcta recepción implica comprobar la identidad del producto, su estado físico y microbiológico, y verificar que cumple con las especificaciones indicadas en las notas de pedido y documentación asociada. Es fundamental registrar toda la información relevante en fichas de recepción y registros de entrada para mantener la trazabilidad y facilitar el control interno.

El almacenamiento de productos pesqueros debe realizarse bajo condiciones ambientales rigurosas, manteniendo temperaturas específicas según el tipo de producto (fresco, congelado, elaborado), con control constante de humedad y limpieza para evitar la contaminación cruzada y el deterioro. La ordenación y ubicación de los productos dentro de cámaras o salas refrigeradas debe basarse en métodos que permitan optimizar el espacio y facilitar la rotación según criterios FEFO, asegurando que los productos con fecha de caducidad más próxima sean los primeros en salir. Los registros internos, que incluyen entradas, salidas, movimientos y control de temperatura, son esenciales para garantizar la trazabilidad y la gestión eficiente del inventario.

La trazabilidad es un requisito legal y operativo que permite identificar y seguir el recorrido completo de cada lote de producto, desde su origen hasta el punto de venta o consumo final. El etiquetado adecuado, que incluye información como el lote, fecha de caducidad, zona de captura y método de producción, es fundamental para cumplir con esta exigencia. Los sistemas informáticos, como los ERP y WMS, facilitan el control en tiempo real del *stock*, la generación automática de etiquetas y documentos, y la integración de datos para la toma de decisiones.

En la fase de expedición, es imprescindible realizar comprobaciones rigurosas que aseguren que el pedido preparado corresponde exactamente a la orden de salida, que los productos están en óptimas condiciones y que se mantienen las temperaturas adecuadas. El embalaje y etiquetado final deben proteger el producto durante el transporte y garantizar la información requerida por la normativa y el cliente. La documentación de expedición, que incluye el registro de salida, la orden de portes y el albarán, respalda legalmente la entrega y permite la trazabilidad posterior.

El transporte de productos pesqueros debe realizarse con vehículos adecuados, limpios y equipados con sistemas de refrigeración que mantengan la cadena de frío sin interrupciones. La documentación asociada al transporte debe reflejar las condiciones en que se realiza y garantizar que el producto llega en las condiciones óptimas. Además, el personal involucrado en la manipulación y transporte debe cumplir estrictamente con medidas de higiene personal y buenas prácticas de manipulación para minimizar riesgos de contaminación.

Finalmente, la gestión documental rigurosa en todas las fases —recepción, almacenamiento, preparación, expedición y transporte— es la base para una trazabilidad efectiva y el cumplimiento normativo. Mantener registros actualizados, claros y accesibles facilita la auditoría, mejora la eficiencia y protege la seguridad del consumidor.

Glosario

Albarán

Documento comercial que acompaña la mercancía en su transporte y sirve como comprobante de entrega. Incluye detalles como productos, cantidades, lotes y destinatario.

APPCC (Análisis de Peligros y Puntos de Control Críticos)

Sistema preventivo para identificar, evaluar y controlar peligros significativos en la producción y manipulación de alimentos.

Atmósfera modificada

Técnica de conservación en la que el aire del envase se sustituye por una mezcla controlada de gases para prolongar la vida útil del producto.

Cadena de frío

Conjunto de operaciones destinadas a mantener una temperatura constante y adecuada durante toda la manipulación, almacenamiento y transporte de productos perecederos.

Control de existencias

Gestión del inventario que permite conocer las cantidades y condiciones de los productos almacenados para asegurar una adecuada rotación y evitar pérdidas.

Etiqueta de trazabilidad

Etiqueta que identifica el producto mediante información sobre su origen, lote, fecha de producción y otras características esenciales para su seguimiento.

Estocaje mínimo

Cantidad mínima de producto que debe mantenerse en *stock* para asegurar el servicio sin interrupciones.

FIFO (*First In, First Out*)

Sistema de rotación de *stock* en el que los productos que entraron primero son los primeros en salir.

FEFO (*First Expired, First Out*)

Sistema de rotación basado en la fecha de caducidad, priorizando la salida del producto que primero vence.

Guía sanitaria de transporte

Documento que certifica que la mercancía cumple con los requisitos sanitarios para su traslado y entrega.

Inventario cíclico

Recuento parcial y rotativo del *stock* en almacén, realizado de forma periódica para mantener el control sin interrumpir la operativa.

Lote

Conjunto de unidades de producto que se identifican y manejan conjuntamente, producido bajo las mismas condiciones.

Merma

Pérdida de producto debido a procesos físicos, deterioro o errores, reflejada en diferencias entre el *stock* teórico y real.

Orden de *packing*

Documento que especifica la composición, distribución y embalaje de cada pedido.

Orden de portes

Instrucciones formales para la empresa transportista sobre condiciones y destino del transporte.

Packing list

Sinónimo de orden de *packing*; detalle del contenido y distribución de un envío.

Registro de expedición

Documento interno que controla y registra las salidas de productos del almacén.

Stock de seguridad

Reserva adicional de producto destinada a prevenir roturas de *stock* ante imprevistos.

Trazabilidad

Capacidad para seguir el rastro del producto a lo largo de toda la cadena alimentaria, desde su origen hasta el consumidor final.

Ejercicios de autoevaluación

1. **¿Cuál es la temperatura recomendada para transportar pescado refrigerado?**

   a. 8–12 °C.

   b. 4–8 °C.

   c. −10 a −5 °C.

   d. 0–4 °C.

2. **¿Qué documento acompaña físicamente a mercancía durante su transporte y sirve como comprobante de entrega?**

   a. Orden de portes.

   b. Registro de expedición.

   c. Albarán.

   d. Ficha de recepción.

3. **¿Qué significa la sigla FEFO en la gestión de *stocks*?**

   a. *First Entered, First Out.*

   b. *First Expired, First Out.*

   c. *Fastest Exit, First Out.*

   d. *Final Entry, Final Output.*

4. **¿Cuál es la función principal del registro de expedición?**

   a. Controlar y verificar las salidas de mercancía.

   b. Planificar compras futuras.

   c. Controlar la higiene del almacén.

   d. Registrar las devoluciones.

5. ¿Qué medida es fundamental para evitar la contaminación cruzada en la manipulación de alimentos?

    a. Usar agua caliente para limpiar todo.

    b. Manipular todos los productos en la misma zona.

    c. Separar productos crudos y cocidos.

    d. Usar guantes solo para productos cocidos.

6. ¿Cuál es la finalidad del *stock* de seguridad?

    a. Incrementar beneficios.

    b. Prevenir roturas de *stock* imprevistas.

    c. Evitar caducidades.

    d. Almacenar productos defectuosos.

7. ¿Qué tipo de inventario se realiza de forma rotativa por zonas o productos?

    a. Inventario periódico.

    b. Inventario manual.

    c. Inventario cíclico.

    d. Inventario permanente.

8. En la expedición, ¿qué debe verificarse sobre el vehículo de transporte?

    a. Color del vehículo.

    b. Limpieza y condiciones de frío activo.

    c. Cantidad de conductores.

    d. Hora de llegada al almacén.

9. ¿Qué información debe contener una etiqueta de trazabilidad?

    a. Nombre del fabricante.

    b. Dirección del almacén.

    c. Lote, fecha de caducidad y temperatura recomendada.

    d. Precio del producto.

10. ¿Qué documento da instrucciones a la empresa transportista sobre condiciones y destino?

    a. Orden de portes.

    b. Albarán.

    c. Registro de expedición.

    d. Factura.

Módulo 3. Manejo de carretilla elevadora

Introducción

El manejo seguro y eficiente de una carretilla elevadora es una competencia esencial en el entorno logístico de la industria alimentaria, especialmente en sectores como el de los productos pesqueros, donde la rapidez, el control de temperatura y la integridad del producto son factores críticos. Este tipo de maquinaria permite el movimiento de cargas de forma ágil y segura, pero también implica riesgos si no se utiliza adecuadamente.

Este módulo ofrece una visión general sobre las características técnicas de la carretilla elevadora, las normas básicas de uso, el mantenimiento preventivo, así como las medidas de seguridad que deben observarse durante su manejo. La formación se basa tanto en la normativa de prevención de riesgos laborales como en los requisitos de la Norma UNE 58451:2016, que regula la formación de los operadores de carretillas de manutención.

El aprendizaje será eminentemente práctico, con ejemplos, y estará orientado a que el alumnado adquiera los conocimientos necesarios para operar la carretilla con eficacia, minimizando riesgos y garantizando la seguridad en el entorno de trabajo.

Objetivos

- Identificar las partes y sistemas básicos de una carretilla elevadora, así como los dispositivos de seguridad incorporados.
- Conducir y maniobrar con una carretilla elevadora de forma segura, interpretando adecuadamente las órdenes de carga y descarga.
- Manipular mercancías en condiciones reales de trabajo, respetando los procedimientos establecidos para el almacenamiento, suministro y expedición.
- Aplicar las normas de prevención de riesgos laborales específicas del manejo de carretillas elevadoras, tanto para proteger su integridad como la de su entorno.
- Detectar posibles situaciones de riesgo relacionadas con la estabilidad de la carretilla y las condiciones del lugar de trabajo.
- Realizar el mantenimiento básico y las comprobaciones rutinarias necesarias para asegurar el correcto funcionamiento de la carretilla.
- Actuar correctamente ante situaciones de emergencia o accidente, aplicando los protocolos establecidos y colaborando con el equipo.

1. Conocimiento de la carretilla elevadora

Las **carretillas elevadoras** constituyen un pilar fundamental en los procesos logísticos, especialmente en entornos industriales donde se requiere el movimiento eficiente de grandes volúmenes de carga. Este tipo de vehículo industrial autopropulsado está diseñado para elevar, transportar y colocar mercancías en distintos puntos del almacén, garantizando la continuidad operativa y la optimización del espacio. Su uso exige un conocimiento detallado de sus características estructurales, así como de los principios físicos que rigen su estabilidad y funcionamiento.

Fig. 1. Comprender la dinámica del peso, el centro de gravedad, y los elementos de seguridad integrados resulta esencial para garantizar la utilización de la carretilla elevadora de forma segura y eficaz

1.1. Características: control visual

El conocimiento de las **características básicas** de una carretilla elevadora permite al operario identificar visualmente el estado del equipo antes de su uso y prevenir posibles riesgos. La **inspección visual** previa al manejo es una de las primeras barreras de seguridad para garantizar que el equipo se encuentra en condiciones óptimas de funcionamiento. Este control no sustituye a las revisiones técnicas reglamentarias, pero sí complementa el mantenimiento y ayuda a detectar anomalías visibles.

En el sector pesquero, el control visual adquiere una relevancia aún mayor, ya que las carretillas operan con frecuencia en entornos con alta humedad, restos orgánicos o superficies resbaladizas. La revisión debe incluir también posibles acumulaciones de hielo o escamas adheridas a las horquillas, que podrían interferir en la sujeción segura de cajas de pescado o bandejas de marisco.

Las carretillas elevadoras presentan una estructura funcional diseñada para soportar cargas pesadas y desplazarlas de forma controlada. Están compuestas por distintos elementos estructurales y mecánicos, cuyo estado puede comprobarse visualmente antes del inicio de cada jornada laboral.

El operario debe **revisar** de forma rutinaria los siguientes elementos antes de poner en marcha la carretilla:

Elemento	Qué revisar
Ruedas	Desgaste, presión insuficiente, grietas o daños visibles.
Horquillas	Fisuras, deformaciones, desgaste o mal posicionamiento.
Mástil y cadenas	Correcta alineación, tensado y lubricación de las cadenas.
Frenos y luces	Funcionamiento y visibilidad adecuada.
Nivel de fluidos	Aceite hidráulico, líquido de frenos, agua del radiador (si procede).
Dispositivos de seguridad	Cinturón, alarma de marcha atrás, luces intermitentes, claxon.
Fugas	Presencia de manchas de aceite o combustible en el suelo.
Estado general	Daños visibles en la carrocería, cables sueltos o paneles desprendidos.

Anotación

Esta revisión debe realizarse con la carretilla parada, el motor apagado y en una zona segura y bien iluminada.

La realización de un **chequeo visual rutinario** evita averías y contribuye a:

- Prevenir accidentes derivados de fallos mecánicos.
- Reducir el desgaste prematuro de componentes.
- Mantener la eficiencia y seguridad del equipo.
- Mejorar la planificación del mantenimiento preventivo.

Esta tarea forma parte de la responsabilidad individual del operario, quien debe documentar cualquier incidencia detectada y, si es necesario, informar al responsable de mantenimiento para su reparación inmediata.

Vocabulario

Horquilla: Extremos metálicos en forma de U que se insertan bajo las cargas para levantarlas.
Mástil: Parte vertical de la carretilla que guía el movimiento de las horquillas hacia arriba y hacia abajo.
Centro de carga: Punto de equilibrio entre el peso de la carretilla y el de la mercancía transportada.

El uso de carretillas elevadoras está regulado en España por la **Norma UNE 58451:2016**, que establece los requisitos mínimos de formación para los operadores.

Fig. 2. La Norma UNE 58451:2016 contempla expresamente la necesidad de realizar controles visuales sistemáticos y disponer de procedimientos de verificación antes de la utilización del equipo

Además, el **Real Decreto 1215/1997**, sobre disposiciones mínimas de seguridad y salud para la utilización por los trabajadores de los equipos de trabajo, establece en su artículo 3 que el empresario debe garantizar que los equipos de trabajo se mantengan en condiciones adecuadas mediante inspecciones periódicas.

Antes de comenzar la jornada, un operario revisa su carretilla elevadora y detecta una fisura en una de las horquillas.

- **Acción correcta**: Detener el uso del equipo, informar al responsable de mantenimiento y registrar la incidencia en el parte de control.
- **Consecuencia si no actúa**: Si ignora la fisura, podría producirse un fallo estructural al cargar mercancía, provocando un accidente grave o la caída del producto.

1.2. Partes de una carretilla

El conocimiento detallado de las partes que componen una carretilla elevadora es fundamental para operar el equipo de forma segura y eficaz. Cada componente cumple una función específica en el proceso de elevación, transporte y colocación de mercancías, y su correcta identificación permite al operario detectar posibles fallos, realizar maniobras con mayor precisión y prevenir accidentes.

Una carretilla elevadora combina elementos mecánicos, hidráulicos y eléctricos, integrados en un chasis compacto que se adapta a espacios reducidos, especialmente en entornos como cámaras frigoríficas, muelles de carga o zonas de almacenaje con pasillos estrechos.

Fig. 3. Conocer la ubicación y el propósito de cada parte de la carretilla facilita las tareas de inspección y mantenimiento

A continuación, se presenta una descripción general de los componentes principales de una carretilla elevadora:

Parte de la carretilla	Función principal
Chasis	Estructura base sobre la que se ensamblan el resto de componentes.
Mástil	Guía vertical por la que ascienden y descienden las horquillas.
Horquillas	Brazos metálicos que se introducen bajo las cargas para su elevación y traslado.
Carro portahorquillas	Plataforma móvil donde se fijan las horquillas y que se desplaza por el mástil.
Contrapeso	Masa pesada ubicada en la parte trasera para equilibrar el peso de la carga.
Ruedas	Pueden ser macizas o neumáticas; permiten el desplazamiento y determinan la estabilidad.
Cabina o puesto del operador	Espacio desde el cual se controla la carretilla; incluye mandos, asiento y protecciones.
Techo protector (estructura de seguridad)	Protege al operador frente a posibles caídas de objetos.
Sistema hidráulico	Conjunto de bombas y cilindros que permite la elevación y descenso de la carga.
Batería o depósito de combustible	Fuente de energía, eléctrica o térmica, según el tipo de carretilla.
Sistema de dirección	Permite el giro de las ruedas traseras (en la mayoría de modelos).
Sistema de frenos	Detiene el equipo con seguridad, fundamental en zonas con tráfico de mercancías.
Dispositivos de control	Palancas, pedales, botones y volante que permiten controlar todas las funciones.

Vocabulario

Contrapeso: Masa pesada colocada en la parte trasera de la carretilla que permite contrarrestar el peso de la carga transportada, garantizando la estabilidad del equipo.

Cada parte está diseñada para cumplir una función operativa y para **reducir riesgos laborales**. Por ejemplo, el techo protector y la estructura de seguridad (también conocida como cabina ROPS/FOPS) están específicamente pensados para proteger al operario en caso de caída de objetos o vuelco del equipo.

Fig. 4. Los sistemas de iluminación y señalización, como luces intermitentes, alarmas sonoras y espejos, mejoran la visibilidad del entorno y alertan a otros trabajadores de la presencia del vehículo

 Anotación

Nunca se deben modificar, sustituir o inutilizar los elementos de seguridad incorporados por el fabricante, como limitadores de carga o sensores de altura, ya que comprometen la integridad del equipo y del entorno de trabajo.

Aunque la estructura básica es común a todas las carretillas elevadoras, existen variantes según el entorno de uso, lo cual implica ligeras diferencias en sus componentes:

- **Carretilla contrapesada**: La más común. Posee el contrapeso en la parte trasera y dos horquillas frontales.
- **Carretilla retráctil**: Permite que el mástil se retraiga hacia el cuerpo de la carretilla, útil en pasillos estrechos.
- **Carretilla trilateral o bilateral**: Usada en almacenes automatizados; puede girar las horquillas sin mover la carretilla.
- **Apilador eléctrico**: Similar a la carretilla, pero de menor tamaño y operado a pie o con plataforma.

Estas diferencias influyen en la maniobrabilidad, capacidad de carga y visibilidad, y deben ser tenidas en cuenta tanto en la formación como en el uso práctico.

En una planta de distribución de productos del mar, una operaria con poca experiencia no identifica correctamente el carro portahorquillas y cree que puede ajustarlo manualmente, forzando una palanca mal ubicada.

Resultado: El carro se atasca y una de las horquillas queda torcida, lo que impide recoger correctamente los palets. La mercancía perecedera pierde tiempo de distribución y se ve comprometida su conservación.

Si la operaria hubiera recibido una formación adecuada sobre las partes de la carretilla, habría reconocido el sistema de ajuste correcto y evitado tanto el daño mecánico como el retraso en la cadena logística.

En lonjas, centros de procesado o plataformas logísticas del sector pesquero, es habitual el uso de carretillas contrapesadas eléctricas o retráctiles por su maniobrabilidad en cámaras de refrigeración. Estas versiones están adaptadas para trabajar en condiciones frías y deben estar dotadas de sistemas anticorrosión y neumáticos especiales para suelos mojados.

Fig. 5. Las carretillas contrapesadas eléctricas son adecuadas para el uso en plataformas logísticas del sector pesquero, especialmente en cámaras frigoríficas, zonas de carga húmedas o almacenes cerrados donde no se permite el uso de motores de combustión

1.3. Dispositivos de seguridad

El uso de carretillas elevadoras implica riesgos inherentes que pueden derivar en lesiones graves o incluso accidentes mortales si no se toman las medidas de protección adecuadas. Por ello, estos equipos deben contar con una serie de **dispositivos de seguridad** incorporados que protejan tanto al operario como al resto de personas que puedan encontrarse en el entorno de trabajo.

Estos dispositivos están diseñados para **prevenir, alertar o minimizar** las consecuencias de situaciones peligrosas, como colisiones, caídas de mercancía o vuelcos.

Fig. 6. La presencia de dispositivos de seguridad es obligatoria conforme a la legislación vigente en materia de prevención de riesgos laborales y seguridad de equipos de trabajo

Los dispositivos de seguridad pueden clasificarse en dos grandes grupos: **activos**, que intervienen directamente en la prevención de accidentes, y **pasivos**, que atenúan sus efectos en caso de que lleguen a producirse.

A continuación, se presenta una tabla con los dispositivos más relevantes y su función:

Dispositivo	Función
Cinturón de seguridad	Mantiene al operario en su asiento ante posibles vuelcos.
Techo protector (estructura ROPS/FOPS)	Protege ante caídas de objetos o vuelcos.
Alarma de marcha atrás	Emite un sonido que alerta de movimientos en retroceso.
Luces de trabajo e intermitentes	Mejoran la visibilidad y señalizan la posición del vehículo.
Espejos retrovisores	Amplían el campo de visión del operario.
Limitador de velocidad	Restringe la velocidad máxima del equipo para evitar maniobras bruscas.
Indicador de carga máxima	Señala si se está superando la capacidad admisible.
Sensor de presencia en el asiento	Impide el funcionamiento de la carretilla si no hay operario sentado.
Frenos de estacionamiento	Evitan desplazamientos involuntarios en pendiente.
Corte automático de motor	Desactiva la carretilla en caso de anomalías o emergencia.

Vocabulario

ROPS (*Roll Over Protective Structure*): Estructura que protege al conductor en caso de vuelco.
FOPS (*Falling Object Protective Structure*): Estructura que protege frente a caída de objetos.

Fig. 7. La luz de trabajo o faro frontal, montado sobre el mástil, mejora la visibilidad en zonas oscuras o poco iluminadas

La legislación exige que los equipos de trabajo estén dotados de medidas de seguridad adecuadas a su uso y entorno. En concreto, el **Real Decreto 1215/1997**, sobre disposiciones mínimas de seguridad y salud para la utilización de los equipos de trabajo, establece que las carretillas elevadoras deben contar con:

- Protecciones contra riesgos mecánicos, como vuelcos o atrapamientos.
- Dispositivos de parada de emergencia.
- Sistemas de señalización óptica y acústica.
- Mecanismos de control en caso de fallo.

Además, la **Norma UNE 58451:2016** especifica que el operador debe conocer todos los dispositivos de seguridad del equipo y verificar su correcto funcionamiento antes de su uso. Este conocimiento forma parte esencial de la formación habilitante.

 Anotación

El operario es responsable de comprobar que todos los dispositivos de seguridad funcionan correctamente al inicio de la jornada. Si alguno está averiado o desactivado, la carretilla no debe utilizarse hasta su reparación.

Los dispositivos de seguridad son eficaces solo si van acompañados de un **comportamiento preventivo** por parte del operario. Muchos accidentes ocurren no por fallo mecánico, sino por desactivar alarmas sonoras, no utilizar el cinturón o sobrepasar la capacidad de carga.

Por tanto, la seguridad depende tanto de los medios técnicos como de la **actitud consciente** del trabajador, que debe seguir los protocolos establecidos, respetar las señales y mantener una conducción defensiva y preventiva.

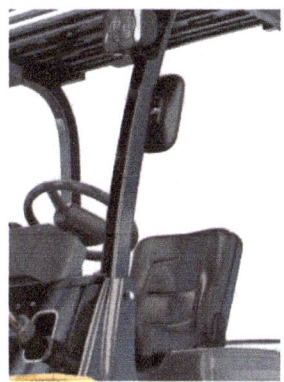

Fig. 8. El espejo retrovisor en una carretilla elevadora suele estar situado en la parte superior del marco protector (techo o mástil), justo por encima del asiento del operario, para ofrecer una visión trasera clara durante las maniobras en almacenes o zonas de carga

Un operario experimentado retira el cinturón de seguridad de su carretilla porque "le incomoda" y trabaja en una zona llana donde cree que no hay riesgos. Durante una maniobra en una rampa ligeramente inclinada, una carga mal posicionada provoca un leve desequilibrio y la carretilla vuelca parcialmente. El operario es expulsado del asiento, sufre un traumatismo y la carretilla sufre daños estructurales.

Si se hubiera respetado el uso del cinturón y no se hubieran anulado los dispositivos de seguridad, el operario habría permanecido protegido. Este tipo de comportamientos, habituales en contextos de confianza o rutina, suponen un grave riesgo para la integridad física y la continuidad operativa.

1.4. Condiciones de estabilidad

La **estabilidad** de una carretilla elevadora es un factor crítico en la prevención de accidentes laborales. Este concepto hace referencia a la capacidad del equipo para mantener su equilibrio al levantar, transportar y colocar cargas, evitando el vuelco lateral o frontal. La estabilidad no depende únicamente del diseño de la carretilla, sino también de cómo se manipula la carga, del tipo de suelo y de las condiciones del entorno.

Para comprender la estabilidad en estos equipos, es necesario tener en cuenta principios físicos básicos, como el centro de gravedad, la base de sustentación y el triángulo de estabilidad. Estos elementos interactúan constantemente mientras se realiza una operación de carga, por lo que es esencial que el operario mantenga un conocimiento actualizado de las **normas de equilibrio** y respete los límites definidos por el fabricante.

Existen varios factores que pueden comprometer la estabilidad de una carretilla. A continuación, se enumeran los más relevantes:

Factor	Influencia sobre la estabilidad
Centro de gravedad	Si se desplaza fuera del triángulo de estabilidad, se produce el vuelco.
Altura de la carga	A mayor altura, menor estabilidad (efecto palanca).
Distribución de la carga	Una carga mal colocada o descompensada genera desequilibrio.
Tipo de suelo	Pendientes, superficies irregulares o resbaladizas alteran la estabilidad.
Velocidad y maniobras	Giros bruscos o frenadas repentinas pueden generar pérdida de control.
Frenado o aceleración excesiva	Modifica el centro de gravedad de forma brusca.
Condiciones climáticas	Suelo mojado, hielo o viento lateral afectan al equilibrio.

Vocabulario

Centro de gravedad: Punto imaginario en el que se concentra el peso total de un cuerpo.
Triángulo de estabilidad: Zona delimitada entre las ruedas delanteras y el eje trasero que define el área segura de operación.

Estos tres puntos forman un triángulo dentro del cual debe situarse el centro de gravedad combinado (carretilla + carga) para evitar el vuelco.

Módulo 3. Manejo de carretilla elevadora

Fig. 9. Las carretillas contrapesadas tienen tres puntos de apoyo fundamentales: las dos ruedas delanteras y el eje central de las ruedas traseras

 Anotación

Cuando la carga se eleva o se inclina el mástil, el centro de gravedad asciende y se desplaza. Si sale del triángulo, el vuelco es inevitable, incluso a baja velocidad

Algunas recomendaciones básicas para mantener la estabilidad durante la operación son:

- Transportar la carga siempre a baja altura, cercana al suelo (10-15 cm).
- No girar con la carga elevada.
- Asegurarse de que la carga esté centrada y bien sujeta en las horquillas.
- Evitar pendientes pronunciadas o no adecuadas para el equipo.
- Conducir a velocidad moderada, sobre todo en curvas y zonas de paso.
- Respetar la capacidad máxima de carga indicada por el fabricante.

Estas pautas deben integrarse en la rutina del operario como **criterios preventivos no negociables**, independientemente de la presión temporal o el hábito.

Ejemplo

En un almacén de distribución de mariscos, un operario experimentado decide elevar una caja pesada de producto congelado hasta la tercera balda de una estantería. Lo hace con la carga ligeramente inclinada hacia adelante, sin comprobar si sobrepasa la capacidad máxima. Además, lo realiza girando la carretilla para ahorrar tiempo.

Resultado: El centro de gravedad se desplaza fuera del triángulo de estabilidad, la carretilla pierde el equilibrio y cae lateralmente. La mercancía se daña, el operario sufre un golpe en el hombro y la estantería queda parcialmente deformada.

Este incidente podría haberse evitado si se hubiera seguido el procedimiento de carga segura: mantener la carga centrada, elevarla en vertical, sin girar, y respetar la carga admisible. La prisa nunca debe justificar la infracción de principios básicos de estabilidad.

2. Manejo de la carretilla elevadora

El manejo adecuado de una carretilla elevadora no solo implica habilidades técnicas, sino también una actitud responsable y un dominio de los procedimientos establecidos para la **conducción segura** en almacenes. La maniobrabilidad del vehículo, la precisión en los desplazamientos y el control de las maniobras son aspectos clave que repercuten directamente en la seguridad del operario, del entorno y de la mercancía transportada. La conducción de este tipo de equipos debe regirse por criterios de seguridad operativa, respetando las normas de circulación internas, los límites de carga y los protocolos de actuación ante situaciones imprevistas.

Fig. 10. La destreza práctica va necesariamente acompañada de una comprensión profunda del entorno de trabajo y de la anticipación de riesgos

2.1. Normas de conducción

La conducción de una carretilla elevadora difiere sustancialmente de la de un vehículo convencional. Aunque pueda parecer sencilla por su tamaño y maniobrabilidad, implica **riesgos específicos** que requieren del cumplimiento estricto de unas normas operativas. Estas normas tienen como objetivo evitar accidentes, proteger la mercancía, prevenir daños en las instalaciones y mantener un entorno de trabajo eficiente y seguro. En almacenes de pescado fresco o marisco, donde los suelos pueden estar mojados por escurridos o hielo derretido, la conducción debe extremar la precaución. Es recomendable **reducir aún más la velocidad, evitar frenazos y planificar las rutas de paso** para evitar zonas con acumulación de agua o exudados que comprometan la estabilidad del equipo.

El operador debe mantener en todo momento una **actitud preventiva**, dominar las técnicas de conducción y estar familiarizado con los **procedimientos internos de circulación** dentro del almacén o centro de trabajo. En este sentido, no se trata solo de saber manejar los mandos, sino de integrarse de forma responsable en un flujo logístico donde puede haber peatones, otras carretillas, estanterías estrechas, productos delicados o condiciones ambientales adversas.

Los siguientes principios rigen la circulación segura con carretillas elevadoras en cualquier entorno profesional:

Principio	Descripción
Visibilidad	Conducir con buena visibilidad frontal; si la carga la impide, retroceder con precaución.
Velocidad moderada	Adaptar la velocidad al entorno, evitando aceleraciones y frenadas bruscas.
Curvas y giros	Realizar maniobras suaves, reduciendo la velocidad antes de girar.
Carga baja	Transportar la carga a baja altura (10-15 cm del suelo) y con el mástil ligeramente inclinado hacia atrás.
Paso por rampas	Subir rampas con la carga hacia adelante; bajarlas con la carga detrás.
Distancia de seguridad	Mantener una distancia adecuada respecto a otras carretillas, muros o estanterías.
Prioridad a peatones	El peatón siempre tiene preferencia de paso, incluso en zonas logísticas.
Zonas habilitadas	Circular únicamente por los itinerarios señalizados.

Anotación

Las zonas de carga y descarga deben señalizarse adecuadamente, y las puertas o pasillos compartidos deben contar con espejos convexos y señalización acústica o luminosa cuando haya riesgo de cruce.

Cada centro de trabajo debe establecer un **plan de circulación interna**, adaptado a sus características, con:

- Límites de velocidad internos.
- Normas de cruce y adelantamiento.
- Itinerarios peatonales diferenciados del tráfico de carretillas.
- Zonas de visibilidad reducida debidamente señalizadas.
- Prohibiciones específicas, como girar en espacios estrechos, transportar personas o usar el equipo fuera del horario laboral.

Fig. 11. El incumplimiento de las normas puede suponer accidentes, además de ser considerado una falta grave y conllevar sanciones disciplinarias o incluso responsabilidades legales

Vocabulario

Plan de circulación interna: Documento que organiza y regula los desplazamientos de vehículos y personas dentro de un recinto industrial o logístico.

Un operador, al finalizar su turno en un almacén de pescado refrigerado, decide llevar una última carga con prisa. Acelera para girar en una curva cerrada de un pasillo estrecho, y no respeta el itinerario asignado. En ese momento, una compañera de limpieza cruza por la zona, sin esperar la carretilla. Aunque no llega a atropellarla, el operario pierde el control y choca con una estantería.

Consecuencias: Se daña parte del mobiliario, la carretilla queda fuera de uso y se produce una situación de alto riesgo que debe investigarse como accidente laboral. El operario es apartado temporalmente de sus funciones.

La confianza y la rutina no pueden sustituir al cumplimiento estricto de las normas de conducción. En especial, la prisa nunca debe prevalecer sobre la seguridad. Cada maniobra debe ejecutarse con previsión, y el operador debe anticipar siempre la presencia de otras personas o vehículos.

2.2. Comprobación de la puesta en marcha

Antes de iniciar cualquier operación con una carretilla elevadora, el operario debe realizar una **comprobación sistemática** del equipo, que asegure su correcto funcionamiento y reduzca al mínimo los riesgos derivados del uso de maquinaria. Esta verificación es una **obligación profesional**, además de una práctica preventiva esencial que forma parte del protocolo diario de trabajo.

La puesta en marcha de la carretilla no comienza al girar la llave o accionar el botón de encendido, sino mucho antes, con una revisión visual y funcional de los elementos fundamentales del vehículo.

La revisión previa puede dividirse en tres fases sucesivas: verificación visual externa, verificación funcional sin carga y verificación en movimiento controlado.

1. **Verificación visual externa.** Esta primera fase se realiza con la carretilla apagada, observando el estado general del equipo:

   o **Ruedas**: desgaste, presión y daños visibles.
   o **Horquillas**: fisuras, inclinación anormal o mala fijación.
   o **Fugas**: aceite, combustible o líquido hidráulico en el suelo.
   o **Luces y señalización**: estado físico de intermitentes, alarmas y reflectantes.
   o **Dispositivos de seguridad**: comprobar que no están manipulados ni bloqueados.
   o **Niveles de fluidos**: verificar que el aceite, el refrigerante y el líquido hidráulico están en los niveles correctos.

Fig. 12. El procedimiento de puesta en marcha permite detectar posibles fallos, fugas, desgastes o alertas que comprometerían la seguridad del operario o del entorno logístico

2. **Verificación funcional sin carga.** Con la carretilla encendida, se comprueba el funcionamiento básico sin realizar desplazamientos:

Elemento a comprobar	Qué se debe observar
Encendido	Arranque correcto, sin ruidos extraños o indicadores de error.
Mandos de elevación	Subida y bajada suave de las horquillas.
Inclinación del mástil	Movimiento fluido hacia adelante y atrás.
Claxon y luces	Activación inmediata y sin fallos.
Indicadores del panel	Sin señales de alerta ni luces encendidas fuera de lo normal.
Asiento y cinturón	Firmeza del asiento, funcionamiento del cinturón de seguridad.

 **Anotación**

Cualquier irregularidad detectada debe anotarse en el parte de incidencias del día y comunicarse inmediatamente al responsable de mantenimiento. Nunca debe utilizarse una carretilla con fallos detectados.

3. **Verificación en movimiento controlado.** Finalmente, en una zona segura sin carga, se realiza una breve prueba de conducción:

- o **Marcha adelante y marcha atrás**: reacción fluida, sin tirones ni ruidos.
- o **Giros suaves**: comprobación del sistema de dirección.
- o **Frenado**: verificar que responde al instante y no hay desviaciones.
- o **Parada de emergencia**: comprobación del freno de mano y de los sistemas de bloqueo.

Movimiento controlado: Trayecto breve, sin carga y en espacio seguro, destinado a comprobar el comportamiento dinámico del equipo.

La **Norma UNE 58451:2016** establece que el operario debe realizar una verificación previa al uso de la carretilla. Esta comprobación se considera parte de su responsabilidad y forma parte del procedimiento básico de trabajo.

El **Real Decreto 1215/1997**, en su artículo 3, indica que todos los equipos de trabajo deben mantenerse en condiciones seguras mediante **inspecciones periódicas**, y que los trabajadores deben colaborar en la detección de defectos o anomalías.

Una carretilla no muestra señales de fallo visibles, pero al encenderla, el operario escucha un ruido inusual en el mástil durante la prueba de elevación. Decide detener el equipo y comunicarlo, aunque los mandos siguen funcionando.

Resultado: Tras la revisión técnica, se detecta una fisura interna en el cilindro hidráulico, que podría haber causado una caída brusca de la carga durante el turno.

La actitud del operario evitó un accidente grave. Este ejemplo ilustra la importancia de no confiar únicamente en la apariencia externa del equipo. La puesta en marcha debe incluir siempre una verificación funcional completa, incluso si todo parece estar en orden.

2.3. Realización de maniobras

Las **maniobras** con carretillas elevadoras requieren precisión, control y anticipación. No basta con dominar los mandos del equipo; es imprescindible conocer las técnicas de movimiento más seguras y aplicarlas en función del espacio, la carga y las condiciones del entorno.

Fig. 13. El operador debe actuar de forma metódica, minimizando el riesgo de colisiones, vuelcos, caídas de mercancía o atropellos

En el entorno logístico de productos del mar, donde se manejan cargas perecederas, suelos húmedos o superficies estrechas, las maniobras deben ejecutarse con **especial atención** a la estabilidad, la visibilidad y la integridad del producto. Un error de cálculo o una maniobra apresurada puede traducirse en daños costosos y comprometer la seguridad alimentaria.

Las maniobras más habituales con carretillas elevadoras incluyen las siguientes:

Maniobra	Objetivo
Recogida de carga	Introducir las horquillas de forma precisa bajo el palet o contenedor.
Elevación	Subir la carga con el mástil en posición vertical y sin inclinaciones laterales.
Desplazamiento	Transportar la carga hasta el punto de descarga con el mástil ligeramente inclinado hacia atrás.
Giro	Cambiar de dirección de forma controlada, especialmente en espacios estrechos.
Colocación/Apilado	Depositar la carga en altura o al nivel del suelo con alineación precisa.
Retirada de carga	Sacar la carretilla de la zona de carga tras depositar la mercancía.

Vocabulario

Apilado: Acción de colocar una carga sobre otra o en estanterías a diferentes alturas.
Mástil: Estructura vertical por la que suben y bajan las horquillas de elevación.

Para ejecutar maniobras de forma segura y eficaz, deben seguirse las siguientes **recomendaciones**:

- Alinear las horquillas con la carga antes de introducirlas.
- Evitar inclinaciones laterales del mástil durante la elevación o el transporte.
- Nunca elevar o bajar la carga mientras se está en movimiento.
- Reducir la velocidad antes de girar, especialmente con carga elevada.
- Comprobar la visibilidad frontal y, si está bloqueada por la carga, circular en marcha atrás.
- No apilar más de lo permitido por la estructura o por el fabricante del palet o contenedor.
- Estabilizar completamente la carretilla antes de apilar o despaletizar.

Anotación

Un error común es elevar la carga antes de que las horquillas estén completamente introducidas y niveladas bajo el palet. Esto puede provocar el deslizamiento o la caída de la mercancía.

El entorno físico del almacén o zona de trabajo influye directamente en cómo deben ejecutarse las maniobras. Algunos **factores** relevantes son:

- **Espacio disponible**: zonas estrechas, pasillos con estanterías o áreas compartidas con peatones.
- **Condiciones del suelo**: humedad, desniveles o acumulación de hielo en zonas refrigeradas.

- **Iluminación**: maniobras en zonas poco iluminadas o con deslumbramientos.
- **Presencia de obstáculos móviles**: como otras carretillas o carros manuales.

Estos elementos deben ser evaluados antes de realizar cualquier maniobra, ajustando la velocidad y el ángulo de giro según la situación.

Ejemplo

Un operario debe colocar varias cajas de pescado fresco en una cámara frigorífica. La carga está paletizada, y el suelo tiene algo de humedad por la condensación. El operario decide girar rápidamente dentro de la cámara con la carga parcialmente elevada, confiado por haber hecho esta operación muchas veces.

Resultado: Al girar, el palet se desplaza ligeramente hacia un lado por la inercia y el suelo húmedo. Las cajas se deslizan y caen, dañando parte del producto y contaminando el área de trabajo. Además, la carretilla pierde tracción momentánea.

Una maniobra aparentemente rutinaria puede transformarse en un incidente si no se respeta el procedimiento correcto. La carga debe mantenerse baja durante el desplazamiento y los giros deben ser suaves, especialmente en zonas con humedad o refrigeración.

2.4. Manipulación de cargas y descargas

La **manipulación de cargas y descargas** es una de las tareas más críticas en la operativa diaria con carretillas elevadoras. Implica el levantamiento, transporte y colocación segura de mercancías sobre superficies o estanterías, así como su recogida desde puntos de carga o descarga.

En industrias como la de los productos pesqueros, donde se manipulan cajas con hielo, producto fresco o congelado, la fragilidad de la carga, la necesidad de mantener la cadena de frío y la humedad ambiental obligan a extremar la precaución. Una maniobra incorrecta puede dañar la mercancía, romper el embalaje o provocar un accidente laboral.

Fig. 14. El proceso de manipulación de cargas y descargas requiere una ejecución precisa, que tenga en cuenta tanto el peso y volumen de la carga como las condiciones del entorno y la capacidad del equipo

Para manipular cargas de forma segura con carretillas elevadoras, se deben seguir estos principios:

Acción clave	Recomendación técnica
Comprobación de la carga	Verificar que está paletizada correctamente, sin sobrepeso, ni inestabilidad visible.
Alineación con el palet	Colocar la carretilla en línea recta con el palet, sin giros ni inclinaciones.
Introducción de horquillas	Alinear horizontalmente las horquillas, introducir completamente bajo la carga.
Elevación progresiva	Elevar lentamente, asegurando que la carga no bascula ni se desestabiliza.
Transporte con carga baja	Circular con la carga a 10-15 cm del suelo y el mástil ligeramente inclinado atrás.
Colocación cuidadosa	Alinear y bajar la carga lentamente sobre el punto de descarga antes de retirarse.
Descarga completa	No retirar la carretilla hasta que la carga esté totalmente depositada.

Carga descentrada: Cuando el peso no está equilibrado entre ambas horquillas o se coloca fuera del centro de gravedad.
Estabilidad de carga: Capacidad de la mercancía para mantenerse en equilibrio durante el movimiento.

En la práctica, muchos accidentes o daños se producen por malas prácticas repetidas que el operador debe aprender a detectar y corregir. Algunos de los **errores** más frecuentes son:

- Levantar o bajar la carga mientras la carretilla está en movimiento.
- Transportar la carga demasiado alta.
- Iniciar el transporte con las horquillas parcialmente introducidas.
- Girar bruscamente con carga elevada.
- No verificar la resistencia o estabilidad del punto de descarga (especialmente en estanterías).
- No comprobar el estado del palet o contenedor antes de moverlo.

La manipulación de cargas en entornos refrigerados o húmedos, como cámaras frigoríficas o zonas de carga de pescado fresco, presenta **riesgos adicionales**:

- El suelo resbaladizo puede afectar la tracción y maniobrabilidad.
- La carga puede condensarse o estar mojada, reduciendo la fricción y aumentando el riesgo de deslizamiento.
- Los palets deteriorados por la humedad pueden romperse al ser elevados.

Fig. 15. Las cajas mojadas o con hielo, típicas en productos del mar, pueden deslizarse fácilmente si no están correctamente sujetas o si las horquillas se colocan a una altura desigual

Por ello, deben usarse carretillas adecuadas para ambientes fríos, con neumáticos antideslizantes, lubricación especial y sistemas de frenado adaptados. También es fundamental que el operario utilice **EPI específicos**: guantes con agarre, calzado antideslizante y ropa térmica si procede.

En una lonja, un operario recoge un palet con cajas de pescado congelado para llevarlo a la cámara de expedición. Las cajas están envueltas en plástico húmedo y apiladas de forma inestable. El operario introduce las horquillas solo a la mitad, eleva y comienza el traslado con prisa. Al girar para entrar en la cámara, una de las cajas cae y se abre, contaminando el producto y el suelo.

Consecuencias: Pérdida de producto, riesgo de contaminación cruzada, obligación de parar la actividad para limpiar, y peligro de caída por superficie resbaladiza.

Una operación aparentemente rutinaria puede derivar en una serie de fallos encadenados si no se respeta el protocolo de carga. La introducción completa de las horquillas, la verificación del palet y la carga, y la conducción sin prisas son medidas esenciales para garantizar una manipulación eficaz y segura.

3. Aplicación de medidas de precaución en el manejo de la carretilla elevadora

Toda actividad relacionada con la maquinaria de elevación está sujeta a riesgos inherentes que pueden afectar tanto al operario como a otras personas del entorno. La seguridad en el manejo de carretillas elevadoras se basa en la adopción sistemática de medidas de prevención, en el uso de equipos de **protección individual (EPIs)** y en el cumplimiento estricto de la normativa vigente en prevención de riesgos laborales. La anticipación de peligros, el conocimiento de los dispositivos de seguridad del vehículo y la atención constante a las condiciones del entorno forman parte de una cultura preventiva imprescindible para cualquier profesional del sector logístico o alimentario.

3.1. Protección del conductor

La **protección del conductor** de una carretilla elevadora es un aspecto esencial de la seguridad laboral, especialmente en entornos industriales donde se manipulan cargas pesadas, se trabaja en espacios compartidos con peatones o se opera en condiciones ambientales adversas.

Fig. 16. El operario, como usuario principal del equipo, debe contar con medidas de protección colectivas y personales que garanticen su integridad física frente a posibles riesgos derivados del uso cotidiano de la carretilla

El diseño de la carretilla incorpora diversos elementos estructurales destinados a proteger al conductor en caso de vuelco, caída de objetos o colisiones. A esto se suman los equipos de protección individual (EPI) que el trabajador debe usar correctamente en función del entorno y el tipo de carga transportada.

La mayoría de las carretillas modernas están equipadas con **estructuras de protección integradas**, diseñadas conforme a la normativa europea para evitar daños graves en caso de accidente:

Elemento de protección	Función principal
Cabina o estructura ROPS	Protege al conductor ante un posible vuelco lateral o longitudinal.
Techo protector (estructura FOPS)	Evita lesiones en caso de caída de objetos sobre la cabina.
Cinturón de seguridad	Mantiene al conductor en su asiento ante movimientos bruscos o caídas.
Pantalla frontal o reja metálica	Protege al operario de salpicaduras, fragmentos o desplazamientos de carga.
Asiento ergonómico con suspensión	Reduce el impacto de vibraciones prolongadas.
Espejos y visores	Amplían el campo visual y previenen choques en espacios reducidos.

 Vocabulario

ROPS (*Roll Over Protective Structure*): Estructura antivuelco certificada que forma parte del chasis de la carretilla.
FOPS (*Falling Object Protective Structure*): Sistema estructural reforzado para detener impactos verticales.

Además de los elementos estructurales de la máquina, el operario debe utilizar correctamente los **EPIs** establecidos por la evaluación de riesgos de la empresa:

Fig. 17. La utilización del cinturón de seguridad no es opcional; su uso es obligatorio incluso en trayectos cortos o dentro de zonas cerradas

- Calzado de seguridad antideslizante, especialmente en zonas húmedas como cámaras frigoríficas.
- Chaleco reflectante, si se circula por zonas compartidas o poco iluminadas.
- Guantes de protección, en función del tipo de carga o de las condiciones térmicas.
- Gorro térmico o ropa térmica, si se trabaja en cámaras de frío.
- Protección auditiva, si el entorno presenta ruidos continuos o maquinaria cercana.

La no utilización o manipulación indebida de los sistemas de protección puede provocar situaciones de alto riesgo:

Omisión o fallo	Riesgo potencial
No usar el cinturón de seguridad.	Expulsión del conductor en caso de vuelco.
Manipular la cabina o techo.	Reducción de la capacidad de protección ante caídas.
Conducir con ropa inadecuada.	Deslizamientos, atrapamientos o exposición a frío.
No usar guantes o calzado apropiado.	Lesiones por contacto, aplastamientos o caídas.
Descuidar el ajuste del asiento.	Fatiga, dolor lumbar o pérdida de control por falta de postura.

Ejemplo

Un operario en una planta de envasado de marisco trabaja habitualmente sin abrocharse el cinturón de seguridad porque "la carretilla apenas se mueve". En una jornada con mucho tráfico interno, una carga mal apilada cae inesperadamente y golpea la parte superior de la estructura, haciendo que la carretilla bascule lateralmente. El operario es expulsado del asiento y sufre un traumatismo en la cabeza.

Resultado: Accidente laboral con baja médica, inmovilización del equipo y apertura de investigación interna.

El exceso de confianza y la rutina son los mayores enemigos de la seguridad. La protección del conductor debe ser una prioridad constante, no una excepción condicionada por la percepción de riesgo subjetivo.

3.2. Prevención de riesgos laborales

La prevención de riesgos laborales en el manejo de carretillas elevadoras constituye una **obligación legal** para las empresas y un elemento clave para proteger la vida, la salud y la integridad de los trabajadores. Este tipo de maquinaria, pese a ser esencial en los procesos logísticos, puede representar un alto nivel de peligrosidad si no se opera con la debida precaución y dentro de los márgenes de seguridad establecidos.

En el sector pesquero, se presentan riesgos añadidos como la presencia de residuos orgánicos (escamas, vísceras), condiciones térmicas extremas en cámaras de congelación y superficies resbaladizas por agua o hielo. Estas condiciones aumentan la probabilidad de caídas, vuelcos y daños en mercancías perecederas, por lo que deben ser específicamente valoradas en la evaluación de riesgos de la empresa.

Los accidentes relacionados con carretillas suelen deberse a una combinación de **malas prácticas** operativas, condiciones del entorno inseguras y falta de formación. Por ello, la prevención debe abordarse de manera integral y sistemática, actuando sobre el equipo, el entorno, los procedimientos de trabajo y la conducta del operario.

El análisis de riesgos en el uso de carretillas elevadoras permite identificar los más frecuentes en el entorno laboral:

Riesgo identificado	Descripción
Vuelco del equipo.	Ocurre por carga mal equilibrada, exceso de velocidad o maniobras en rampa.
Atropello a peatones.	Riesgo elevado en zonas compartidas o sin señalización adecuada.
Caída de carga.	Derivada de una mala sujeción o manipulación inadecuada.
Golpes contra estructuras.	Por mala visibilidad o falta de atención en pasillos estrechos.
Atrapamientos o cortes.	Durante la recogida o colocación de mercancías o en mantenimiento.
Sobreesfuerzos y posturas forzadas.	Causados por tareas repetitivas o ajustes inadecuados del asiento.
Condiciones térmicas extremas.	Riesgo por exposición prolongada al frío en cámaras refrigeradas.

Vocabulario

Evaluación de riesgos: Proceso mediante el cual se identifican, analizan y valoran los peligros presentes en un puesto de trabajo con el objetivo de eliminarlos o reducirlos.

La adopción de medidas preventivas debe ser parte de una **cultura de seguridad** sostenida en el tiempo. Algunas de las más relevantes son:

- Formación específica del operario, según lo establecido por la Norma UNE 58451:2016.
- Uso obligatorio de EPI adecuados al entorno (calzado, guantes, chaleco reflectante, etc.).

- Mantenimiento periódico de las carretillas según el plan técnico del fabricante.
- Verificación diaria del estado del equipo antes del uso.
- Diseño seguro de las zonas de circulación, con itinerarios definidos y separados para vehículos y peatones.
- Limitación de la velocidad máxima dentro de las instalaciones.
- Instalación de señalización visible y adecuada (espejos, bandas, semáforos, señalética de suelo).
- Supervisión activa del cumplimiento de las normas por parte de responsables de prevención o mandos intermedios.

 **Anotación**

La empresa es la responsable legal de garantizar que todo trabajador que utilice una carretilla elevadora haya recibido formación acreditada, tanto teórica como práctica, y que el equipo esté en condiciones óptimas de uso.

La prevención no depende exclusivamente de la organización. El **operario** también tiene un papel activo:

- Respetar los procedimientos establecidos.
- Informar de cualquier anomalía en el equipo o en las condiciones del entorno.
- Evitar conductas de riesgo, como carreras, distracciones o maniobras improvisadas.
- Participar en simulacros y sesiones de reciclaje formativo.

Fig. 18. Fomentar una actitud consciente y responsable ante el riesgo mejora no solo la seguridad personal, sino la de todo el equipo de trabajo

Ejemplo

Un operario sin formación específica en carretillas es asignado a cubrir una baja temporal en una planta de congelados. Aunque ha observado cómo se utiliza la máquina, no se le realiza ninguna evaluación ni formación inicial. Durante su turno, al intentar colocar una carga en la cámara frigorífica, calcula mal el giro y choca con la estantería. La carga cae, daña producto y sufre una contusión leve en el hombro.

Consecuencias: Pérdida económica, apertura de expediente por accidente laboral, y advertencia de la inspección de trabajo por negligencia en la formación.

La prevención comienza antes de subir a la carretilla. La formación previa, la planificación del entorno de trabajo y la evaluación de riesgos actualizada son pilares imprescindibles de un entorno seguro.

3.3. Dispositivos de protección

Los **dispositivos de protección** constituyen un conjunto de elementos mecánicos, electrónicos y estructurales que tienen como finalidad **minimizar o eliminar** los riesgos derivados del uso de carretillas elevadoras. A diferencia de los dispositivos de seguridad, que alertan o advierten (como las alarmas o las luces intermitentes), los de protección actúan directamente sobre el entorno o el equipo para evitar que un accidente se produzca o para reducir su impacto si llegara a ocurrir.

Estos dispositivos están presentes tanto en el diseño de la carretilla como en el espacio de trabajo y deben mantenerse en condiciones óptimas mediante **revisiones periódicas**, de acuerdo con lo exigido por la normativa de prevención de riesgos laborales.

Podemos identificar distintos tipos de dispositivos en función de su función específica. A continuación, se recogen los más habituales en carretillas elevadoras y sus entornos operativos:

Dispositivo de protección	Función principal
Estructura ROPS/FOPS.	Protege al conductor frente a vuelcos o caídas de objetos.
Cinturón de seguridad.	Mantiene al operador en el asiento y reduce el riesgo de expulsión.
Protector de horquillas.	Evita deslizamientos laterales de la carga o roturas del palet.
Limitador de altura de mástil.	Impide sobrepasar alturas peligrosas o no permitidas.
Tope de velocidad en curvas	Reduce automáticamente la velocidad al girar para evitar el vuelco.
Sensor de presencia en el asiento.	Impide el funcionamiento si el operador no está correctamente sentado.
Frenado automático.	Sistema que detiene la carretilla si detecta pérdida de control.
Paro de emergencia (botón rojo).	Permite detener el equipo al instante en caso de fallo o emergencia.
Protección térmica del motor.	Evita daños y riesgos de incendio si el equipo se sobrecalienta.

 **Vocabulario**

Paro de emergencia: Mecanismo que, al ser presionado, detiene de forma inmediata todos los sistemas activos del equipo para prevenir daños o accidentes.

Según el **Real Decreto 1215/1997**, los equipos de trabajo deben disponer de los dispositivos necesarios para **evitar o reducir** los riesgos mecánicos, térmicos o eléctricos, y deben contar con sistemas de parada de emergencia y medidas automáticas de protección en caso de avería.

Además, la **Norma UNE 58451:2016** establece que el operador debe:

- Conocer la ubicación y función de todos los dispositivos de protección.
- Comprobar su funcionamiento antes de iniciar la jornada.
- Detener el equipo si detecta un fallo en alguno de ellos.

Anotación

La manipulación, anulación o retirada de cualquier dispositivo de protección está prohibida. Hacerlo puede constituir una infracción grave en materia de prevención y derivar en responsabilidad penal si provoca un accidente.

Los dispositivos de protección deben mantenerse operativos mediante un **programa de mantenimiento preventivo,** que debe incluir:

- Verificación diaria por parte del operario (funcionamiento básico).
- Revisión técnica periódica por personal cualificado.
- Registro documental de incidencias, sustituciones o reparaciones.
- Sustitución inmediata de elementos deteriorados o defectuosos.

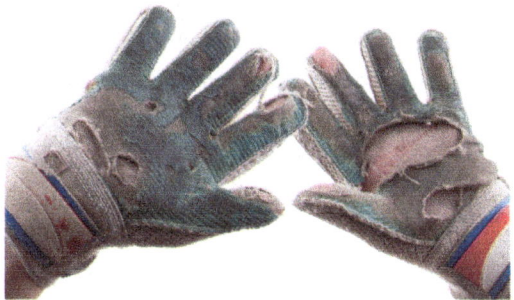

Fig. 19. En caso de detectar un fallo en cualquiera de los dispositivos de protección, el equipo debe retirarse del servicio de forma inmediata, hasta su reparación

En un centro logístico de distribución de pescado fresco, un operario advierte que el botón de paro de emergencia de su carretilla no reacciona cuando se activa. Lo comunica, pero por presión del supervisor decide seguir trabajando mientras esperan la revisión.

Durante el turno, al realizar una maniobra de elevación con carga inestable, la carga cae hacia adelante y, al no poder detener el sistema hidráulico a tiempo, se produce un impacto que daña el producto y provoca una caída leve del operario.

Consecuencias: Incidente registrado, pérdida económica por producto dañado, sanción por incumplimiento del procedimiento interno de seguridad y advertencia de la inspección.

La seguridad no puede supeditarse a la productividad. Un dispositivo de protección fuera de servicio implica que el equipo no está autorizado para operar, y continuar su uso supone una infracción y un riesgo evitable.

4. Realización del mantenimiento de la carretilla elevadora

El rendimiento y la seguridad de una carretilla elevadora dependen en gran medida de un mantenimiento técnico riguroso y periódico. Las operaciones de revisión y conservación alargan la vida útil del equipo y también permiten detectar anomalías mecánicas o deficiencias que podrían comprometer la seguridad de su uso. El mantenimiento no es una tarea secundaria ni exclusiva del personal técnico especializado; el propio operario tiene la responsabilidad de llevar a cabo verificaciones básicas diarias, observar cualquier irregularidad en el funcionamiento y comunicarla a tiempo.

Fig. 20. Una gestión preventiva y sistemática del mantenimiento forma parte del compromiso profesional con la seguridad y la eficiencia operativa

4.1. Control de los Mandos

El **control de los mandos** de una carretilla elevadora constituye uno de los conocimientos prácticos fundamentales para cualquier operador. A través de ellos se gobiernan todas las funciones de movimiento, elevación, inclinación, frenado y señalización. Un dominio preciso de su funcionamiento permite trabajar con eficacia, evitar errores y reaccionar adecuadamente ante situaciones de riesgo o emergencia.

Los mandos deben conocerse tanto desde el punto de vista operativo, como mecánico y funcional, ya que una alteración en su respuesta puede indicar fallos que deben ser notificados. Además, durante la jornada laboral, el operador debe realizar un **seguimiento continuo** de su comportamiento, prestando atención a ruidos, retardo en la respuesta o movimientos irregulares.

Aunque la distribución puede variar ligeramente según el modelo, la mayoría de las carretillas incorpora los siguientes mandos:

Tipo de mando	Función principal
Volante	Dirección del vehículo. Suele gobernar las ruedas traseras.
Pedal de aceleración	Regula la velocidad de desplazamiento.
Pedal de freno	Detiene el vehículo. Algunos modelos incorporan freno regenerativo.
Palanca de elevación	Sube o baja las horquillas.
Palanca de inclinación	Inclina el mástil hacia adelante o atrás.
Palanca de desplazamiento lateral (si aplica)	Desplaza las horquillas lateralmente.
Interruptores de luces/claxon	Activa señales luminosas y acústicas.
Interruptor de marcha adelante/atrás	Cambia el sentido de desplazamiento.
Interruptor de encendido/parada	Inicia o apaga el sistema de propulsión del equipo.

Vocabulario

Desplazamiento lateral (*side shift*): Función que permite mover las horquillas de izquierda a derecha sin desplazar toda la carretilla, facilitando la precisión en el apilado.

Antes y durante la jornada de trabajo, se recomienda realizar una **verificación progresiva** de los mandos, tanto con la carretilla detenida como en movimiento controlado:

1. Comprobar la suavidad y precisión del volante.
2. Accionar cada palanca individualmente para detectar posibles durezas, retardo o movimientos irregulares.
3. Verificar que la aceleración y el frenado son proporcionales al pedal y no presentan reacciones bruscas.
4. Confirmar que los mandos eléctricos o electrónicos (luces, claxon, marcha atrás) responden al instante.
5. Asegurarse de que no existen síntomas de desajuste: ruidos metálicos, vibraciones anómalas, dificultad al accionar.

Anotación

Si un mando responde de forma errática o con retardo, la carretilla no debe utilizarse. Estos síntomas pueden anticipar fallos graves del sistema hidráulico o electrónico.

Durante el uso habitual de la carretilla, los mandos deben:

- Accionarse con firmeza, pero sin brusquedad.
- No utilizarse simultáneamente, salvo que el equipo lo permita expresamente.
- Manejarse con el mástil en posición vertical al iniciar la elevación.
- No modificarse ni forzarse manualmente fuera del sistema original.

En particular, los movimientos de elevación e inclinación deben realizarse **de forma suave y progresiva**, ya que un accionamiento brusco puede desplazar la carga, desestabilizar la carretilla o incluso dañar la estructura del almacén.

Ejemplo

Durante la revisión inicial, un operario detecta que la palanca de elevación responde con un leve retraso y genera un sonido metálico al bajar las horquillas. Considerando que la jornada es corta, decide seguir trabajando, pensando que puede controlarlo con mayor cuidado.

Resultado: Al recoger una carga pesada, el sistema hidráulico falla parcialmente y las horquillas descienden de forma abrupta, provocando la caída de una caja de marisco congelado desde altura. El producto se pierde y el operario queda en estado de alerta.

Este ejemplo ilustra cómo una anomalía leve en los mandos puede derivar en un fallo grave si no se atiende a tiempo. El operador debe interiorizar que su primer sistema de protección es la observación continua del funcionamiento de los controles.

4.2. Placas

Las **placas informativas** o **placas de características** son elementos obligatorios en toda carretilla elevadora, ya que proporcionan información técnica esencial sobre los

límites de uso y capacidades del equipo. Su correcta interpretación es clave para garantizar la seguridad en la manipulación de cargas, ya que permiten al operario conocer cuánto peso puede elevar, a qué altura y en qué condiciones.

Estas placas suelen colocarse en lugares visibles, como el panel de control o cerca del puesto del conductor, y deben mantenerse **legibles, limpias y sin manipulaciones**. Ignorar sus indicaciones o no consultarlas puede provocar accidentes graves, como vuelcos, caída de mercancía o rotura estructural del equipo.

Las carretillas elevadoras deben llevar instaladas varias placas, cada una con una finalidad específica. A continuación, se detallan las más comunes:

Tipo de placa	Contenido principal
Placa de identificación.	Marca, modelo, número de serie, año de fabricación, tipo de motor, fabricante.
Placa de capacidad nominal.	Capacidad máxima de carga según la altura y la distancia del centro de carga.
Placa de advertencia o seguridad.	Señales visuales sobre uso obligatorio de cinturón, prohibiciones, precauciones.
Placa CE.	Certificación de conformidad con la normativa europea de seguridad de maquinaria.

Vocabulario

Centro de carga: Punto desde el que se mide la distancia entre la carga y el mástil. Suele establecerse en 500 mm, pero varía según el diseño de la carretilla y el tipo de carga.

La **placa de carga** (o placa de capacidad residual) es la más crítica desde el punto de vista operativo. Informa al operador de cuánto peso puede elevar la carretilla en distintas configuraciones. Suele incluir:

- Capacidad máxima nominal (kg).
- Altura máxima de elevación (mm).
- Centro de carga estándar (mm).
- Gráfico o tabla con combinaciones de altura/peso/longitud de horquillas.

Esta información permite al operario ajustar sus maniobras y evitar el sobrepeso, que puede desplazar el centro de gravedad fuera del triángulo de estabilidad y provocar un vuelco.

 Anotación

Una carga dentro del peso permitido, pero con una distribución inadecuada (por ejemplo, extendida hacia delante), puede generar el mismo riesgo que una carga excesiva. Por eso, consultar la placa no es opcional, sino obligatorio.

Las placas deben cumplir los siguientes **requisitos**:

- No presentar tachaduras, modificaciones manuales o signos de manipulación.
- En caso de deterioro o cambio de componentes (como mástil, horquillas, batería…), debe solicitarse una nueva placa al fabricante o distribuidor autorizado.

Fig. 21. Las placas deben estar permanentemente fijadas al equipo y ser legibles en todo momento

Cualquier formación impartida al personal operador debe incluir interpretación de placas, ya que su desconocimiento es una de las causas más comunes de uso indebido del equipo.

Un operario tiene que elevar una caja de pescado congelado de 1.000 kg a una altura de 3,5 metros. Consulta la placa y comprueba que la capacidad máxima a esa altura es de 950 kg. Como la diferencia es "mínima", decide continuar.

Resultado: Al elevar la carga, la carretilla se desestabiliza levemente y comienza a inclinarse hacia delante. El operario logra detener el movimiento, pero se genera un gran susto, y parte de la mercancía se desplaza en el palet, rompiendo el embalaje.

La placa no ofrece valores orientativos, sino límites estructurales máximos. Sobrepasarlos, aunque sea por pocos kilos, puede suponer una pérdida total de control. La disciplina en el respeto de las placas es un principio innegociable en el uso profesional de carretillas.

4.3. Revisión

La **revisión** de una carretilla elevadora es una operación sistemática que tiene como finalidad asegurar que el equipo se encuentra en condiciones óptimas de uso. A diferencia de la simple comprobación visual diaria que realiza el operario, la revisión es un proceso más exhaustivo que puede estar a cargo del personal de mantenimiento o de servicios técnicos especializados, en función de su alcance.

Este procedimiento forma parte esencial del **mantenimiento preventivo**, y su correcta ejecución reduce notablemente el riesgo de

Fig. 22. En el entorno alimentario, donde la continuidad del servicio y la manipulación segura de mercancía perecedera son prioritarias, el cumplimiento de las revisiones adquiere aún mayor relevancia

averías graves, mejora la durabilidad del equipo y, sobre todo, **previene accidentes** laborales.

Podemos distinguir tres niveles principales de revisión en función de su frecuencia, profundidad y responsable:

Tipo de revisión	Frecuencia orientativa	Responsable	Características principales
Diaria.	Antes de cada jornada.	Operario.	Control visual, niveles de fluidos, mandos, frenos, ruedas.
Periódica interna.	Semanal o mensual (según uso).	Personal de mantenimiento.	Verificación técnica de partes móviles, hidráulica, batería, etc.
Técnica oficial.	Semestral o anual (según fabricante y uso).	Servicio técnico autorizado.	Revisión completa y ajustes según plan del fabricante.

Vocabulario

Mantenimiento preventivo: Conjunto de acciones técnicas programadas para conservar un equipo en condiciones seguras y funcionales, evitando fallos antes de que ocurran.

Durante las revisiones periódicas, se debe prestar especial atención a los siguientes componentes:

- **Sistema hidráulico**: comprobar fugas, presión y estado de las mangueras.
- **Ruedas y ejes**: verificar desgaste, presión, alineación y fijación.
- **Frenos y dirección**: asegurar respuesta inmediata y sin desviaciones.
- **Mandos y controles**: revisar suavidad, precisión y respuesta de palancas y pedales.
- **Dispositivos de seguridad**: funcionamiento del claxon, luces, cinturón, paro de emergencia, sensores.
- **Batería o sistema de combustión**: niveles, carga, terminales limpios y fijación.
- **Chasis y mástil**: comprobar existencia de grietas, fisuras, holguras o soldaduras defectuosas.

Anotación

Cualquier fallo detectado durante la revisión debe registrarse por escrito, junto con la fecha, el componente afectado y la acción correctiva realizada.

La normativa establece que toda revisión debe dejar constancia documental. Para ello, las empresas deben disponer de:

- Parte diario de revisión del operario.
- Ficha técnica de mantenimiento periódico.
- Libro de revisiones del fabricante (sello del servicio autorizado).
- Historial de averías e intervenciones.

Fig. 23. El registro puede ser requerido por la inspección de trabajo o por la aseguradora en caso de accidente

El **Real Decreto 1215/1997**, en su artículo 3, establece que los equipos de trabajo deben mantenerse en condiciones seguras mediante mantenimiento adecuado y revisiones periódicas, realizadas por personas competentes.

Por su parte, la **Norma UNE 58451:2016**, relativa a la formación de operadores, obliga a instruir al personal en la detección de anomalías básicas y en la comunicación inmediata de las mismas.

Una carretilla elevadora presenta un leve ruido al accionar la elevación. Como no interfiere en el funcionamiento aparente, se pospone su revisión técnica. Dos semanas después, el sistema hidráulico falla por completo durante una carga, provocando el descenso brusco de la mercancía y una avería costosa.

Resultado: Pérdida de producto, paralización del trabajo y coste elevado de reparación. El análisis posterior muestra que el fallo se habría evitado con una revisión técnica completa.

Las revisiones no son un trámite burocrático, sino una medida activa de prevención. Actuar con antelación permite ahorrar costes, evitar incidentes y proteger tanto al equipo como a los trabajadores.

4.4. Conservación

La **conservación** de una carretilla elevadora hace referencia al conjunto de prácticas rutinarias destinadas a preservar su funcionalidad, seguridad y durabilidad. A diferencia de las revisiones técnicas, que se realizan con cierta periodicidad por personal especializado, la conservación implica acciones cotidianas realizadas por el propio operador, antes, durante y después de cada jornada laboral.

En entornos donde se manipulan productos del mar, la conservación de la carretilla requiere especial atención a la **corrosión** por salinidad y a la **acumulación de residuos biológicos**. Las zonas más expuestas, como el mástil, las horquillas o el chasis inferior, deben limpiarse con más frecuencia y aplicarse productos protectores recomendados por el fabricante para evitar la oxidación prematura.

Mantener una carretilla en condiciones óptimas reduce el riesgo de accidentes, prolonga la vida útil del equipo, mejora su rendimiento y **evita costes innecesarios** derivados de averías o paradas de producción. En entornos exigentes como los del sector pesquero o alimentario, donde se opera en condiciones de humedad, frío y tráfico constante, las tareas de conservación se vuelven imprescindibles.

Las tareas de conservación deben formar parte de la rutina diaria del operador. Entre las más importantes se encuentran:

Acción de conservación	Objetivo
Limpieza diaria del equipo.	Eliminar restos de producto, polvo, hielo o salpicaduras que puedan dañar piezas.
Comprobación de fluidos.	Verificar niveles de aceite hidráulico, refrigerante y líquido de frenos.
Retirada de residuos.	Evitar acumulaciones de hielo, grasa o materiales plásticos en zonas móviles.
Inspección visual del mástil y horquillas.	Detectar desgastes, grietas o deformaciones antes de que se agraven.
Lubricación básica (si procede).	Aplicar lubricantes en puntos móviles siguiendo indicaciones del fabricante.
Protección del equipo al finalizar la jornada.	Estacionar en lugar seguro, aplicar freno de mano, desconectar batería o cerrar combustible.

Vocabulario

Lubricación preventiva: Aplicación controlada de grasa o aceite en componentes móviles para reducir fricción, desgaste y oxidación.

En muchos entornos logísticos, especialmente en **cámaras frigoríficas o zonas húmedas**, la conservación se ve afectada por:

- Condensación o escarcha que puede dañar circuitos eléctricos o provocar oxidación.
- Corrosión por salinidad, especialmente en zonas donde se manipula pescado o marisco.
- Suciedad acumulada en zonas poco accesibles, que puede interferir en los sistemas de ventilación o frenos.

Por ello, se recomienda realizar limpiezas más frecuentes, usar productos anticorrosión si es necesario, y comprobar los neumáticos y sistemas de frenado con mayor regularidad.

Anotación

Nunca debe utilizarse agua a presión directamente sobre los sistemas eléctricos o hidráulicos de la carretilla. La limpieza debe realizarse con métodos compatibles con el equipo y siguiendo las recomendaciones del fabricante.

La conservación no es una función técnica delegada, sino una **responsabilidad directa** del operario. Cada persona que utilice una carretilla debe:

- Aplicar las rutinas básicas de limpieza y verificación.
- Comunicar cualquier anomalía detectada durante el uso.
- Dejar el equipo preparado y en orden para el siguiente turno.
- Utilizar el equipo con cuidado, evitando aceleraciones innecesarias o golpes contra estructuras.

Este compromiso forma parte de una **cultura preventiva compartida**, donde cada acción individual contribuye a la seguridad y a la eficiencia del entorno de trabajo.

Ejemplo

En una zona de recepción de pescado fresco, una carretilla elevadora comienza a mostrar fallos intermitentes en el sistema de dirección. Tras una inspección, se descubre que una acumulación de escarcha y residuos ha obstruido parcialmente la columna de dirección. No se habían realizado limpiezas regulares durante las últimas semanas.

Consecuencias: El equipo queda fuera de uso durante varios días, se retrasa la distribución del producto y se genera un coste adicional por la reparación y sustitución de piezas.

Una simple rutina diaria de limpieza y verificación habría evitado el problema. La conservación es una práctica sencilla pero determinante para mantener operativa y segura una carretilla elevadora.

Resumen

El manejo de carretillas elevadoras constituye una actividad clave en los procesos logísticos y de almacenamiento, especialmente en sectores como el alimentario, donde la rapidez, la seguridad y la conservación del producto son esenciales. Para operar correctamente este tipo de maquinaria, es imprescindible conocer sus características estructurales, sus mandos, así como aplicar correctamente los protocolos de seguridad y mantenimiento.

La carretilla está formada por diversos componentes como el chasis, el mástil, las horquillas, el contrapeso, la cabina del operario y el sistema hidráulico. Cada una de estas partes tiene una función específica en el levantamiento y transporte de cargas, y su estado debe ser revisado antes de iniciar el uso del equipo. Especialmente importante es el triángulo de estabilidad, formado por las dos ruedas delanteras y el eje trasero, dentro del cual debe mantenerse el centro de gravedad para evitar vuelcos.

La inspección visual y funcional diaria por parte del operador es una práctica preventiva obligatoria. En ella se comprueba el estado de los neumáticos, la presencia de fugas, la fijación de las horquillas, el nivel de fluidos y el funcionamiento de los dispositivos de seguridad. Entre estos últimos destacan la estructura ROPS/FOPS, el cinturón de seguridad, el sensor de presencia en el asiento, y sistemas como el paro de emergencia, el limitador de velocidad o el indicador de carga máxima. Estos elementos protegen al operario frente a caídas, impactos, vuelcos y errores de carga.

La conducción segura de la carretilla requiere el cumplimiento de normas como circular con la carga baja, evitar giros bruscos, mantener la distancia de seguridad, y no operar en zonas no autorizadas. Al realizar maniobras, es esencial alinear correctamente la carretilla con la carga, introducir completamente las horquillas, y realizar la elevación o el descenso solo con el equipo inmovilizado. Además, nunca debe manipularse la carga con el mástil inclinado hacia delante o mientras la carretilla está en movimiento.

El proceso de carga y descarga exige una correcta evaluación del peso, la estabilidad de la mercancía y las condiciones del entorno (suelo húmedo, estanterías, pendientes).

La placa de capacidad nominal, que debe ser siempre legible, indica los límites de carga en función de la altura y el centro de gravedad. Sobrepasar estos valores, aunque sea ligeramente, puede suponer un grave riesgo.

El mantenimiento preventivo y la conservación son esenciales para garantizar la operatividad del equipo. Las revisiones periódicas (diarias, internas o técnicas) permiten detectar fallos a tiempo, y deben dejar constancia en partes de mantenimiento o registros internos. Por su parte, la conservación diaria incluye la limpieza del equipo, la eliminación de residuos, la lubricación de partes móviles y el estacionamiento seguro del vehículo.

El operario tiene una responsabilidad activa en la prevención de riesgos laborales: debe respetar los protocolos, usar los equipos de protección individual, participar en formaciones y comunicar cualquier anomalía. La seguridad no depende solo de la máquina, sino también de la actitud preventiva y consciente del trabajador.

Glosario

Apilado
Acción de colocar una carga sobre otra o en una estantería, respetando los límites de peso y estabilidad.

Base de sustentación
Área delimitada por los puntos de apoyo de la carretilla (ruedas y eje), dentro de la cual debe mantenerse el centro de gravedad para conservar la estabilidad.

Cargas descentradas
Cargas que no están equilibradas o distribuidas de forma uniforme sobre las horquillas, lo que incrementa el riesgo de vuelco o caída.

Centro de carga
Distancia entre el mástil y el punto donde se concentra el peso de la carga. Suele establecerse en 500 mm para cargas estándar.

Centro de gravedad
Punto en el que se concentra el peso total del conjunto carretilla-carga. Su posición cambia al mover, elevar o inclinar la carga.

Contrapeso
Masa situada en la parte trasera de la carretilla que compensa el peso de la carga levantada en la parte frontal.

Dispositivos de protección
Elementos mecánicos o electrónicos que actúan directamente para prevenir o minimizar daños en caso de accidente (ej.: cinturón de seguridad, paro de emergencia, sensores de presencia).

Dispositivos de seguridad

Sistemas que alertan o advierten de riesgos, como alarmas acústicas, luces intermitentes o espejos de visión.

EPI (Equipo de Protección Individual)

Conjunto de elementos personales (calzado, guantes, chaleco reflectante...) destinados a proteger al trabajador frente a riesgos específicos.

Estabilidad

Capacidad de la carretilla para mantener el equilibrio durante las operaciones, evitando vuelcos. Depende del peso, la altura de la carga y las maniobras.

FOPS (*Falling Object Protective Structure*)

Estructura reforzada que protege al operador frente a la caída vertical de objetos durante el trabajo.

Horquillas

Extensiones metálicas en forma de L que se introducen bajo la carga para elevarla y transportarla.

Mástil

Estructura vertical por donde suben y bajan las horquillas. Puede inclinarse para estabilizar o manipular la carga.

Paro de emergencia

Botón o sistema que permite detener de forma inmediata todas las funciones activas de la carretilla ante una situación de riesgo.

Placa de capacidad nominal

Etiqueta obligatoria que indica la carga máxima permitida según la altura y el centro de gravedad. Su consulta es imprescindible antes de elevar mercancía.

Revisión periódica

Inspección programada para comprobar el estado técnico y de seguridad del equipo, realizada por personal cualificado.

ROPS (*Roll Over Protective Structure*)

Estructura que protege al conductor ante un vuelco lateral o frontal de la carretilla.

Sensor de presencia

Dispositivo que impide el funcionamiento de la carretilla si el operario no está correctamente sentado.

Triángulo de estabilidad

Zona delimitada entre los tres puntos de apoyo principales de la carretilla (dos ruedas delanteras y eje trasero). El centro de gravedad debe permanecer dentro de este triángulo.

Ejercicios de autoevaluación

1. ¿Cuál es la función principal de las horquillas en una carretilla elevadora?

    a. Proteger al operador en caso de accidente.

    b. Elevar y transportar cargas.

    c. Estabilizar el vehículo en curvas.

    d. Controlar la velocidad de movimiento.

2. ¿Qué elemento forma parte del triángulo de estabilidad de una carretilla?

    a. La batería.

    b. Las dos ruedas delanteras y el eje trasero.

    c. El asiento del operador.

    d. El contrapeso trasero.

3. ¿A qué altura se recomienda transportar la carga?

    a. A 10-15 cm del suelo.

    b. A 50 cm del suelo.

    c. A la altura del pecho del operario.

    d. Justo por encima de la cabeza del operario.

4. ¿Qué sistema protege al conductor en caso de vuelco?

    a. Luces intermitentes.

    b. Sistema hidráulico.

    c. Estructura ROPS.

    d. Paro de emergencia.

5. ¿Qué significa FOPS en una carretilla elevadora?

a. Sistema de frenos de emergencia.

b. Función de orientación preventiva.

c. Plataforma de soporte flexible.

d. Estructura contra caída de objetos

6. ¿Cuál de los siguientes elementos es un dispositivo de protección?

a. Claxon.

b. Paro de emergencia.

c. Luz de trabajo.

d. Alarma de marcha atrás.

7. ¿Qué se debe hacer si una carretilla presenta una fuga de líquido hidráulico?

a. Ignorarla si no afecta el movimiento.

b. Taparla provisionalmente.

c. Detener su uso y comunicarlo inmediatamente.

d. Aumentar el nivel del depósito.

8. ¿Qué debe revisarse al comprobar el estado de las horquillas?

a. El color del acero.

b. La temperatura ambiente.

c. La carga habitual.

d. Fisuras, deformaciones y nivelación.

9. ¿Qué ocurre si el centro de gravedad sale del triángulo de estabilidad?

    a. Se reduce la capacidad de carga.

    b. La carretilla puede volcar.

    c. El motor se apaga automáticamente.

    d. El mástil se bloquea.

10. ¿Qué equipo de protección individual es obligatorio en todo entorno de trabajo con carretillas?

    a. Calzado de seguridad antideslizante.

    b. Gorro desechable.

    c. Guantes de nitrilo.

    d. Mascarilla de protección.

Aplicaciones prácticas

Aplicación práctica 1. Gestión eficiente de stocks en almacenes

Módulo 1. Funcionamiento y gestión de un almacén

Una empresa recibe semanalmente grandes cantidades de atún fresco, salmón congelado y conservas variadas. Completa la siguiente tabla indicando el tipo de sistema de gestión de inventarios más adecuado (FIFO, FEFO o LIFO), justifica brevemente tu elección.

Producto	Sistema de gestión elegido	Justificación
Atún fresco		
Salmón congelado		
Conservas variadas		

Aplicación práctica 2. Prevención de riesgos en almacén frigorífico

Módulo 1. Funcionamiento y gestión de un almacén

Eres la persona responsable de prevención de riesgos laborales y realizas una auditoría interna en un almacén de productos congelados. Durante el recorrido por las instalaciones, detectas las siguientes observaciones:

- El suelo de la cámara frigorífica presenta zonas húmedas sin señalizar ni drenaje visible.
- Se han producido recientemente incidentes leves con carretillas elevadoras en pasillos mal iluminados.
- Algunos trabajadores utilizan calzado deportivo convencional.

Redacta un breve informe de detección de riesgos, donde describas cada una de las situaciones observadas y expliques por qué representan un peligro específico en un entorno frigorífico. Además, debes proponer al menos una medida preventiva concreta para cada situación, justificando su adecuación, y clasificar cada situación según el nivel de prioridad de intervención (alta, media o baja) en función del riesgo que consideras que representa.

Aplicación práctica 3. Selección del sistema de identificación para nuevos productos

Módulo 1. Funcionamiento y gestión de un almacén

Una empresa está ampliando su catálogo de productos del mar y necesita establecer el sistema de identificación automática más adecuado para cada tipo de producto. El objetivo es asegurar una correcta trazabilidad, cumplir con los requisitos legales y facilitar la operativa en el almacén.

Como encargado, te proporcionan una tabla con tres productos nuevos que entrarán en rotación la próxima semana, junto con sus características logísticas y necesidades de trazabilidad:

Producto	Formato y destino	Requisitos
Cigala fresca	A granel en cajas apilables. Venta a mayoristas	Necesario registrar lote, peso y fecha de captura
Sardina envasada	En bandejas termoformadas. Venta minorista	Necesario identificar producto, caducidad y proveedor
Atún congelado	En cajas para exportación, sin contacto directo con consumidor final	Requiere trazabilidad logística y agrupación por lotes

- Selecciona el sistema de identificación automática más adecuado para cada producto, justificando brevemente tu elección.
- En uno de los casos, propón una posible mejora tecnológica futura (por ejemplo, RFID o visión artificial) que podría implementarse si aumentara el volumen de ventas, explicando en qué beneficiaría a la empresa.

Aplicación práctica 4. Decisiones en la recepción

Módulo 2. Recepción, almacenaje y acondicionamiento de pescados y mariscos para su comercialización

Eres el encargado de un almacén y recibes una carga. Para ello lees las descripciones de tres lotes de pescado y marisco recibidos en dicho almacén:

- Lote A: Branquias rosadas ligeramente húmedas, ojos algo hundidos, piel menos brillante.
- Lote B: Branquias marrones con mucosidad, ojos hundidos y opacos, olor fuerte a amoníaco.
- Lote C: Ojos brillantes, branquias rojas húmedas, olor fresco a mar.

Indica qué lote corresponde con cada categoría de frescura según la normativa europea (Extra, Categoría A, Categoría B o rechazado). Justifica brevemente cada clasificación.

Aplicación práctica 5. Ubicación estratégica en cámaras frigoríficas

Módulo 2. Recepción, almacenaje y acondicionamiento de pescados y mariscos para su comercialización

Imagina que eres el propietario de un almacén con diferentes tipos de productos: marisco vivo, pescado fresco en hielo, y productos congelados (filetes y cefalópodos). Describe cómo organizarías estos productos en la cámara frigorífica indicando claramente las zonas y condiciones ideales para cada uno.

Aplicación práctica 6. Aprobación de lote

Módulo 2. Recepción, almacenaje y acondicionamiento de pescados y mariscos para su comercialización

Eres el operario responsable de recepción sanitaria en un almacén de distribución de pescados y mariscos. Acaba de llegar un lote de caballa refrigerada procedente de Marruecos. Durante el control, completas el siguiente *checklist*:

- Olor: fuerte, ligeramente amoniacal.
- Ojos: ligeramente hundidos, iris lechoso.
- Piel: brillante, con escamas adheridas.
- Branquias: color rojo pálido, algo secas.
- Temperatura superficial: 4,8 °C.
- Documentación: albarán de entrada sin certificado sanitario. Zona FAO declarada.
- Etiquetado: correcto, lote visible.
- Histamina: pendiente de análisis (muestra ya enviada).
- Contenedor: limpio, sin restos orgánicos visibles.
-

1. Evalúa si este lote puede ser aceptado provisionalmente, rechazado directamente o aislado temporalmente a la espera de resultados analíticos, justificando tu decisión con base en los distintos tipos de control.
2. Indica al menos tres riesgos sanitarios potenciales que podrían derivarse de autorizar la distribución sin aplicar correctamente el protocolo.
3. Redacta la acción operativa inmediata que debe realizarse según los procedimientos descritos en la teoría: ¿qué se registra?, ¿qué se comunica?, ¿qué se aísla?

Aplicación práctica 6. Inspección visual inicial

Módulo 3. Manejo de carretilla elevadora

Eres el responsable de la seguridad de un almacén y observas el siguiente listado de anomalías detectadas antes del inicio de jornada en una carretilla elevadora:

- Ruedas traseras con grietas.
- Pequeña fuga de aceite hidráulico.
- Luces intermitentes sin funcionar.
- Fisura leve en una horquilla.

¿Qué anomalía presenta mayor riesgo inmediato para la seguridad?
¿Qué acciones deberían tomarse en este caso?

Aplicación práctica 7. Escenarios de riesgo durante maniobras

Módulo 3. Manejo de carretilla elevadora

Eres responsable de la seguridad de un almacén. Analiza las siguientes situaciones que realizan los diferentes trabajadores y determina qué error está cometiendo el operario en cada escenario descrito:

- Escenario 1: Un operario gira rápidamente en una zona estrecha con la carga elevada a 1,5 metros del suelo.
- Escenario 2: Otro operario transporta la carga inclinando el mástil hacia adelante para mejorar su visibilidad frontal.
- Escenario 3: Un operario eleva la carga sin introducir por completo las horquillas debajo del palet.

Identifica claramente los errores cometidos y explica brevemente cómo corregir cada situación.

Aplicación práctica 8. Turno compartido, conservación invisible

Módulo 3. Manejo de carretilla elevadora

En un almacén de distribución de marisco refrigerado, dos operarios comparten el uso de la misma carretilla elevadora durante el día. Elena trabaja en el turno de mañana y Marcos en el de tarde. La empresa detecta que, aunque la carretilla funciona, cada dos semanas aparecen averías menores (corrosión, ruidos, acumulación de restos), lo que supone costes innecesarios de reparación y retrasos en la preparación de pedidos. Ninguno de los dos operarios reconoce haber cometido errores, y ambos aseguran "haber usado la carretilla con cuidado".

El jefe de almacén te pide que diseñes una rutina operativa diaria de conservación específica para este caso concreto, adaptada al uso compartido en turnos consecutivos y al entorno húmedo y salino en el que se trabaja. Esta rutina debe:

- Ser clara y realista para los dos operarios.
- Incluir tanto acciones prácticas como responsabilidades.
- Evitar que vuelva a producirse el deterioro progresivo de la carretilla.

Redacta la rutina completa de conservación diaria para una carretilla elevadora compartida entre turnos en un almacén de marisco refrigerado. Ten en cuenta el entorno, los puntos críticos del equipo y el objetivo de prevenir averías por salinidad, humedad y descuido.

Aplicaciones prácticas

Ejercicio de evaluación final

1. ¿Qué diferencia a un envase de un embalaje?

    a. El embalaje es más ligero.

    b. El envase está en contacto directo con el alimento.

    c. El envase es siempre reutilizable.

    d. El embalaje no tiene función de protección.

2. ¿Qué equipo se utiliza comúnmente para mover pales en espacios estrechos?

    a. Carretilla frontal.

    b. Apilador manual.

    c. Grúa torre.

    d. Transpaleta eléctrica.

3. ¿Cuál es un riesgo habitual en un almacén de productos pesqueros?

    a. Pérdida de señal WiFi.

    b. Cortes en el suministro financiero.

    c. Caídas por suelos mojados.

    d. Acumulación de documentación.

4. Una medida preventiva ante riesgos de caídas sería:

    a. Llevar uniforme blanco.

    b. Usar calzado antideslizante.

    c. Usar guantes de látex.

    d. Colocar carteles decorativos.

5. En caso de incendio, lo primero que debe hacerse es:

a. Recoger pertenencias.

b. Activar la alarma y evacuar siguiendo las instrucciones.

c. Cerrar puertas con llave.

d. Encender luces de emergencia manualmente.

6. ¿Qué medida de higiene personal es clave durante la manipulación?

a. Llevar reloj.

b. No usar guantes.

c. Lavado frecuente de manos.

d. Aplicar perfume antes del turno.

7. Durante el procesado de productos del mar, se debe evitar:

a. El uso de uniforme.

b. El contacto con objetos personales.

c. La presencia de frío.

d. El uso de productos químicos.

8. En el transporte y conservación de pescado, se debe:

a. Conservar a temperatura ambiente.

b. Mantener la cadena de frío.

c. Evitar el uso de envases.

d. No controlar la humedad.

9. El orden y la limpieza en las instalaciones evitan:

a. Auditorías.

b. Contaminaciones cruzadas y accidentes.

c. Tiempos de descanso.

d. Uso de recursos digitales.

10.La limpieza física elimina:

    a. Suciedad visible y restos orgánicos.

    b. Microorganismos y esporas.

    c. Grasa invisible al ojo humano.

    d. Presión atmosférica.

11.¿Cuál es el fin de mantener la cadena de frío?

    a. Mantener la temperatura adecuada de los productos perecederos desde el origen al destino final.

    b. Mantener la temperatura adecuada de los productos perecederos solo en el origen.

    c. Aplicarles cualquier temperatura a productos en la entrega.

    d. Congelar todos los productos que recibamos.

12.La desinfección química se realiza con:

    a. Agua potable.

    b. Biocidas autorizados.

    c. Aire comprimido.

    d. Alimentos ácidos.

13.¿Cuál es una incompatibilidad peligrosa?

    a. Mezclar lejía con vinagre.

    b. Usar detergente con agua.

    c. Aplicar alcohol en superficies secas.

    d. Combinar detergente ácido con paños de microfibra.

14.¿Qué propiedad permite que un detergente disuelva grasa?

a. pH ácido.

b. Tensioactividad.

c. Evaporación.

d. Densidad molecular.

15.El sistema CIP se utiliza para:

a. Enfriar cámaras.

b. Limpiar circuitos cerrados sin desmontarlos.

c. Controlar el inventario.

d. Separar residuos.

16.¿Cuál de los siguientes es un equipo de limpieza semiautomático?

a. Paño de papel.

b. Fregadora industrial.

c. Mopa manual.

d. Esponja con mango.

17.¿Qué práctica es indispensable antes de manipular productos pesqueros?

a. Lavarse las manos adecuadamente.

b. Comer para tener energía.

c. Llevar joyas para identificación.

d. Manipular productos sin guantes.

18.¿Cuál es la temperatura máxima permitida para mantener pescado congelado durante el transporte?

a. 0 °C.

b. 4 °C.

c. −18 °C.

d. −10 °C.

19.¿Qué tipo de *stock* es el producto que ya no puede utilizarse o venderse?

a. *Stock* disponible.

b. *Stock* de seguridad.

c. *Stock* obsoleto o en mal estado.

d. *Stock* en tránsito.

20.¿Cuál de los siguientes es un elemento obligatorio en una ficha de recepción?

a. Precio del producto.

b. Temperatura del producto en la recepción.

c. Cantidad de empleados.

d. Condición meteorológica.

21.¿Qué norma regula la higiene de los alimentos en la Unión Europea?

a. Reglamento (CE) 178/2002.

b. Reglamento (CE) 853/2004.

c. Reglamento (CE) 852/2004.

d. Reglamento (CE) 1224/2009.

22.¿Qué indica la etiqueta de atmósfera modificada?

a. Tipo de envase reciclable.

b. Método de conservación con gases controlados.

c. Fecha de fabricación.

d. Código del lote.

23.¿Qué acción es recomendada al detectar un lote no conforme durante la expedición?

a. Enviarlo con el pedido.

b. Retirarlo y aislarlo para evaluación.

c. Modificar la etiqueta para ocultar el problema.

d. Mezclarlo con otros productos.

24.¿Cuál es la función principal de la orden de *packing*?

a. Registrar las devoluciones.

b. Documentar la carga del vehículo.

c. Controlar las temperaturas del transporte.

d. Detallar cómo debe conformarse físicamente el pedido.

25.¿Cuál es la medida básica para la higiene personal en manipulación de alimentos?

a. Lavado frecuente de manos.

b. Usar perfume fuerte.

c. No usar guantes.

d. Llevar uñas largas.

26. ¿Qué debe hacer el personal antes de manipular productos pesqueros?

    a. Comer algo rápido.

    b. Lavar y desinfectar sus manos.

    c. Cambiar de ropa sin lavarse las manos.

    d. Usar joyas para identificación.

27. ¿Qué es el *stock* mínimo?

    a. La cantidad máxima que puede almacenarse.

    b. La cantidad de productos caducados.

    c. El nivel mínimo operativo para evitar interrupciones.

    d. El *stock* sobrante.

28. ¿Cuál es la finalidad del inventario económico o contable?

    a. Valorar monetariamente el *stock* disponible.

    b. Verificar cantidad física.

    c. Detectar productos caducados.

    d. Controlar el etiquetado.

29. ¿Cuál es una buena práctica para evitar errores en la preparación del pedido?

    a. Trabajar sin protocolos.

    b. No revisar las órdenes de salida.

    c. Seguir la orden de *packing* y verificar etiquetas.

    d. Mezclar productos sin control.

30.¿Qué norma obliga a que los productos de la pesca sean identificables desde el origen hasta el punto de venta?

    a. Reglamento (CE) 852/2004.

    b. Reglamento (CE) 178/2002.

    c. Reglamento (CE) 1224/2009.

    d. Reglamento (UE) 1169/2011.

31.¿Qué indica la placa de capacidad de una carretilla?

    a. El número de horas de uso.

    b. El peso máximo que puede levantar según altura y distancia.

    c. La antigüedad del equipo.

    d. La marca del fabricante.

32.¿Qué pedal permite detener la carretilla en movimiento?

    a. Embrague.

    b. Freno.

    c. Acelerador.

    d. Elevador.

33.¿Qué se debe hacer antes de colocar la carga en altura?

    a. Girar la carretilla para mejorar la posición.

    b. Alinear y estabilizar completamente el equipo.

    c. Levantar la carga con el mástil inclinado hacia adelante.

    d. Verificar el color del embalaje.

34.¿Cuál es una norma básica de conducción?

    a. Circular con la carga baja y visible.

    b. Transportar cargas a la altura del pecho.

    c. Subir rampas con la carga detrás.

    d. Girar mientras se eleva la carga.

35.¿Quién debe realizar la revisión diaria del equipo?

    a. El jefe de almacén.

    b. El operario que va a utilizar la carretilla.

    c. El técnico de mantenimiento externo.

    d. El proveedor del fabricante.

36.¿Cuál de estos no es un riesgo común en el uso de carretillas?

    a. Atrapamientos.

    b. Caídas de carga.

    c. Sobreesfuerzos.

    d. Intoxicación alimentaria.

37.¿Qué componente ayuda a reducir el desgaste por fricción en zonas móviles?

    a. Lubricante.

    b. Pintura anticorrosiva.

    c. Freno de mano.

    d. Sensor de peso.

38.¿Qué significa que una carretilla lleve la placa CE?

   a. Que tiene recambios certificados.

   b. Que cumple con las normas de seguridad europeas.

   c. Que pertenece a una empresa centralizada.

   d. Que es apta solo para exteriores.

39.¿Qué acción debe tomarse al finalizar el uso de la carretilla?

   a. Guardar las horquillas en alto

   b. Estacionarla inclinada para el siguiente turno

   c. Aplicar el freno de estacionamiento y desconectarla

   d. Dejarla con la carga lista para el día siguiente

40.¿Cuál de los siguientes elementos no es un mando de la carretilla?

   a. Volante.

   b. Palanca de elevación.

   c. Palanca de inclinación.

   d. Reposapiés metálico.

Solucionario

Módulo 1. Funcionamiento y gestión de un almacén

1. a		**6.** d	
2. b		**7.** c	
3. c		**8.** b	
4. a		**9.** c	
5. c		**10.** d	

Módulo. 2. Recepción, almacenaje y acondicionamiento de pescados y mariscos para su comercialización

1. d		**6.** b	
2. c		**7.** c	
3. b		**8.** b	
4. a		**9.** c	
5. c		**10.** a	

Módulo 3. Manejo de carretilla elevadora

1. b		**6.** b	
2. b		**7.** c	
3. a		**8.** d	
4. c		**9.** b	
5. d		**10.** a	

Bibliografía

Textos electrónicos

Códex Alimentarius. Código de prácticas para el pescado y los productos pesqueros. Organización mundial de la salud y la Organización de las Naciones Unidas para la Alimentación y la Agricultura (FAO) *[en línea]* (2022). Dirección URL: < https://www.fao.org/4/i2382s/i2382s.pdf>

Guía de prácticas correctas de higiene del sector del pescado. Palomares Hidalgo, Silvia. [en línea] (2014). Dirección URL: <http://coli.usal.es/web/Guias/pdf/GPCH_sector_pescado_Valencia.pdf>

Guía de prácticas correctas de higiene. Establecimientos detallistas de productos de la pesca y acuicultura. FEDEPESCA. (s.f.) [en línea]. Dirección url: https://www.saludcastillayleon.es/profesionales/es/seguridad-alimentaria/guias-buenas-practicas-appcc/guia-gpch-establecimientos-detallistas-productos-pesca-acui.ficheros/2011052-Gu%C3%ADa%20GPCH%20en%20establecimientos%20detallistas%20de%20product os%20de%20la%20pesca%20y%20acuicultura%2029_9_2021.pdf

Webgrafía

Buenas prácticas de manipulación del pescado
https://csaconsultores.com/buenas-practicas-de-manipulacion-del-pescado/

Cómo realizar un control de inventario
https://fishsolutions.pescanova.es/formacion-para-hosteleria/gestion-restaurante/como-realizar-un-control-de-inventario/

Conservación y Desinfección de pescado en cámaras frigoríficas

https://www.cosemarozono.com/soluciones/higiene-alimentaria/desinfeccion-camaras-frigorificas-pescado/

El triángulo de estabilidad de las carretillas elevadoras

https://www.jungheinrich-profishop.es/es/guia-profi/triangulo-estabilidad-carretilla-elevadora/?srsltid=AfmBOoq320UdNy9ftK1y9Jvum5SXAKT_Q-YIcVI10PlAL662XyYgtQsn

Guía completa con los tipos de pesca y sus características

https://esenciadelmar.es/tipos-de-pesca/?srsltid=AfmBOorp3P7hW8H8fMjyFrFKvcJIbxVxJh3xO2bCSXXiUp0EbH0iIF01

La cadena de frío en la distribución del pescado congelado

https://www.umifoods.com/la-cadena-de-frio-en-la-distribucion-del-pescado-congelado/

Pescado y marisco fresco ¿cómo podemos reconocerlo?

https://cooperativasimbiosis.com/pescado-y-marisco-fresco-reconocerlo/

¿Qué es una unidad de carga?

https://www.mecalux.es/manual-almacen/almacen/unidad-de-carga

Legislación

Ley 17/2011, de seguridad alimentaria y nutrición.

Ley 31/1995 de Prevención de Riesgos Laborales.

Norma UNE 58451:2016: Formación de los operadores de carretillas de manutención hasta 10 000 kg

Real Decreto 1215/1997, de 18 de julio, por el que se establecen las disposiciones mínimas de seguridad y salud para la utilización por los trabajadores de los equipos de trabajo

Real Decreto 1420/2006, de 1 de diciembre, sobre prevención de la parasitosis por anisakis en productos de la pesca suministrados por establecimientos que sirven comida a los consumidores finales o a colectividades

Real Decreto 486/1997, de 14 de abril, por el que se establecen las disposiciones mínimas de seguridad y salud en los lugares de trabajo

Real Decreto 640/2006, de 26 de mayo, por el que se regulan determinadas condiciones de aplicación de las disposiciones comunitarias en materia de higiene, de la producción y comercialización de los productos alimenticios

Real Decreto 993/2014, de 28 de noviembre, por el que se establece el procedimiento y los requisitos de la certificación veterinaria oficial para la exportación

Reglamento (CE) nº 178/2002 del Parlamento Europeo y del Consejo, de 28 de enero de 2002, por el que se establecen los principios y los requisitos generales de la legislación alimentaria, se crea la Autoridad Europea de Seguridad Alimentaria y se fijan procedimientos relativos a la seguridad alimentaria

Reglamento (CE) nº 2073/2005 de la Comisión, de 15 de noviembre de 2005, relativo a los criterios microbiológicos aplicables a los productos alimenticios

Reglamento (CE) nº 852/2004 del Parlamento Europeo y del Consejo, de 29 de abril de 2004, relativo a la higiene de los productos alimenticios

Reglamento (CE) nº 853/2004 del Parlamento Europeo y del Consejo de 29 de abril de 2004 por el que se establecen normas específicas de higiene de los alimentos de origen animal

Reglamento de ejecución (UE) 2019/627 de la Comisión de 15 de marzo 2019 por el que se establecen disposiciones prácticas uniformes para la realización de controles oficiales de los productos de origen animal destinados al consumo humano, de conformidad con el Reglamento (UE) 2017/625 del Parlamento Europeo y del Consejo, y por el que se modifica el Reglamento (CE) n.o 2074/2005 de la Comisión en lo que respecta a los controles oficiales.

REGLAMENTO (UE) No 1169/2011 del Parlamento Europeo y del Consejo de 25 de octubre de 2011 sobre la información alimentaria facilitada al consumidor y por el que se modifican los Reglamentos (CE) no 1924/2006 y (CE) no 1925/2006 del Parlamento Europeo y del Consejo, y por el que se derogan la Directiva 87/250/CEE de la Comisión, la Directiva 90/496/CEE del Consejo, la Directiva 1999/10/CE de la Comisión, la Directiva 2000/13/CE del Parlamento Europeo y del Consejo, las Directivas 2002/67/CE, y 2008/5/CE de la Comisión, y el Reglamento (CE) no 608/2004 de la Comisión